머 리 말

　오늘날 대학교육을 받고도 신문이나 잡지에 오르내리는 우리말을 이해하지 못하는 사회인이 있는가 하면 심지어 부모의 성명을 한자로 쓰지 못하는 사람도 너무나 많다. 사회 생활 특히 직장에서 일을 하려면 한자에 대한 지식 없이는 매우 어렵다.
　그리하여 이 책은 국가공인 한자능력검정시험 대비용으로, 학생들에게는 한문 학습의 능률적 효과를 돕고, 사회인·직장인은 한자의 실력을 쌓아 직책·임무를 성공적으로 수행하도록 하는 데 목적을 두었다.
　이번에 교육용 기초 한자 1,800자가 오랜만에 조정되었다. 교육인적자원부는 중학교용 900자, 고등학교용 900자 등 교육용 기초 한자 1,800자 가운데 44자를 교체하는 조정을 했다. 새 1,800자는 새 학기부터 중고교에서 배우며 2002년 7차 교육 과정에 따라 바뀌는 새 교과서에 반영토록 했다. 그리고 제2외국어 영역에 한문영역을 개편했다. 이 개편은 2002학년도 부터 고교 신입생들이 7차 교육 과정에 따라 수업을 받게 되므로 대학에 진학하는 2005학년도 수능시험에 새 교육과정의 특성을 살린 것이다.
　교육인적 자원부의 조정 내용을 보면, 기존의 중학교용 가운데 硯(벼루 연), 壹(한 일), 貳(두 이), 楓(단풍 풍), 등 4자는 활용빈도가 적어 제외되고 고등학교용 한자인 李(이), 朴(박), 革(혁), 舌(설) 등 4자를 중학교용으로 했다. 고등학교용 900자는 40자나 교체되었다.

이 책의 특징과 장점을 들면
- 첫째, 새로 조정된 교육인적자원부 선정 한문교육용 기초한자 1,800자(2002년 7차 교육 과정에 맞춘)와 한국어문회의 상용 필수 한자 2007자를 한자어 필순을 통하여 완전히 익히도록 했다.
- 둘째, 우리 선조들이 이어온 정통 필순에 따라 1자 1자 정확한 글씨체로 쓰도록 했다.
- 셋째, 한자어는 한문·국어 교과서와 신문·잡지 등에 가려 뽑아 입시 준비에 직결되도록 했으며 일상적으로 많이 쓰이는 숙어를 가려 뽑아 사회 생활의 문자 도구로 활용토록 했다.

　한자·한자어 실력을 쌓으려면 ① 한자 1자 1자의 새김(훈)과 음을 익혀야 하고, 각 한자의 새김에 따라 한자어 직역을 한 다음, 뜻을 익혀야 한다. ② 필순에 따라 쓰기체 위에 써 보고 빈 칸에 필순을 보면서 반복 연습을 하면 한자 실력은 월등히 향상될 것이다.

2002년 3월 엮은이

1. 한자 쓰기의 기초

(1) 바른 자세

글씨를 곱게 쓰고자 하는 마음과 함께 몸가짐을 바르게 해야 아름다운 글씨를 쓸 수 있다. 편안하고 부드러운 자세를 갖자.
① **앉은 자세** 방바닥에 앉은 자세로 쓸 때에는 양엄지발가락과 발바닥의 윗부분을 얕게 포개어 앉고, 배가 책상에 닿지 않도록 한다. 그리고, 상체는 앞으로 약간 숙여 눈이 지면에서 30 cm 정도 떨어지게 하고, 왼손은 종이를 가볍게 누른다.
② **걸어앉은 자세** 걸상에 앉아서 쓸 경우에도 앉을 때 두 다리를 어깨 넓이만큼 뒤로 잡아당겨 앉은 다음 ①과 같은 자세를 취한다.

(2) 펜대를 잡는 요령

펜대는 펜 끝에서 1~1.5 cm 정도 되게 잡고 몸 쪽으로 45~60°만큼 기울어지게 하는 것이 알맞다. 그러나, 한자에는 여러 가지의 글씨체가 있어 각기 그 나름대로의 운필법이 있다. 느림과 급함, 가벼움과 무거움 등.
예를 들면, 해서체는 한 획 한 점마다 쓴 다음에는 펜이 종이에서 떨어져야 하며, 삐침도 그 운필에 따라 펜의 각도가 조금씩 다르다.
따라서, 모든 글씨를 똑같은 각도로 운필하라는 뜻은 아니므로, 다음의 용례를 보고 그 때 그때 자기에게 알맞은 방법을 찾도록 해야 한다.

펜은 45°~60°

만년필은 50°~60°

볼펜은 60°~70°

(3) 펜촉의 종류

① **스푼펜** 사무용에 적합한 펜으로, 끝이 약간 옥은 것이 좋다. 가장 널리 쓰인다.
② **G 펜** 끝이 뾰족하고 탄력성이 있어 숫자나 로마자를 쓰기에 알맞다. 연습용으로 많이 쓴다.
③ **스쿨펜** G 펜보다 작은데, 가는 글씨를 쓰기에 알맞다.
④ **마루펜** 제도용으로 쓰이며, 특히 선을 긋는 데에 알맞다.

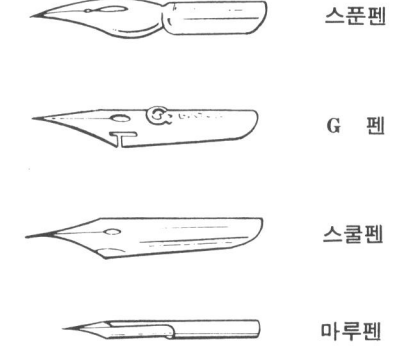

스푼펜

G 펜

스쿨펜

마루펜

2. 한자를 바르고 아름답게 쓰려면

(1) 한자의 획과 획수

한자를 이루는 하나하나의 점과 선을 '획'이라 하고, 한자 한 글자를 쓸 때, 한 번 붓을 대었다가 뗄 때까지 그은 점이나 선을 1획으로 셈하여 한 글자를 몇 획으로 쓸 수 있는가를 헤아린 것을 '획수'라고 한다.

그런데, 한자의 다양하고 복잡한 듯한 이 획은 한자의 모양과 뜻을 명확하게 구별지어 주는 기본 요소가 되므로 바로 이해하여야 한다.

※ 기본 획의 명칭과 그 쓰임

모양	이름	예	모양	이름	예
`	꼭지점	六 字 永	ㄴ	왼꺾음	亡 凶 齒
ノ	왼점	小 忠 烈	ノ	삐침	九 失 月
丶	오른점	公 示 治	フ	꺾어삐침	又 奴 反
ˇ	치킨점	心 光 炎	ノ	치킴	江 冷 婦
一	가로긋기	三 王 五	﹨	파임	八 入 合
│	내리긋기	川 下 正	㇏	받침	近 進 建
﹂	왼갈고리	丁 寸 水	㇂	지게다리	式 成 我
㇄	오른갈고리	民 良 氏	㇂	누운지게다리	心 必
㇉	평갈고리	了 空 皮	㇟	새가슴	兄 孔 乳
㇏	굽은갈고리	子 手 永	乙	새을	乙 九 凡
フ	꺾음갈고리	力 向 舟	㇠	봉날개	飛 風 楓
ㄱ	오른꺾음	日 目 曲	㇣	좌우꺾음	弓 弟 弗

(2) 한자의 모양을 꾸미는 법

한자의 모양을 보다 안정되고 아름답게 나타내기 위한 것으로, 보통 다음과 같은 개형(概形: 대체로 본 형상)에 따라 그 모양을 꾸민다.

개형	설명	예	개형	설명	예	개형	설명	예
□	거의 정사각형으로	固 國 問	⊞	세로 3등분으로	樹 謝 鄕	◇	비꼈지만 중심이 잡히도록	力 多 母
▯	직사각형(길쭉하게)	日 目 身	⊞	가운데가 크고, 또는 반대	街 御 湖	◁	왼쪽 직선, 바른쪽 아래가 넓게	乙 巳 色
▭	직사각형(납죽하게)	四 心 血	머리/발	가로 2등분(머리, 발 거의 같게)	惡 盛 想	⊓	위에서 덮어 씌운 것처럼	空 室 完
△	삼각형, 아래가 넓게	土 未 正	⊟	발이 2등분, 머리가 2등분	霜 露 驚	三	아래·위 선이 젖혀지게(변화)	王 五 至
▽	삼각형, 위가 넓게	下 市 言	⊤	머리가 크고 발을 작게	皆 督 賀	) (	밖으로 휘어 젖혀지게	月 用 丹
◇	전체 모양이 마름모로	今 寺 景	⊥	머리가 작고 발을 크게	忠 思 星	( )	안으로 오무려 둥근 맛이 나게	田 向 面
○	원형(둥글게)	安 赤 學	⊞	변보다 몸을 조금 내려서	好 郡 師	川	세로획의 간격이 대강 같게	川 則 前
변 방	변과 방(몸)을 같은 크기로	新 朝 願	⊡	변을 작게	呼 味 時	三	가로획의 간격이 대강 같게	里 皇 晝
⊟	변을 작게	江 憶 獨	⊡	몸을 작게	加 和 私	✲	획과 획의 간격을 알맞게	水 永 光
⊟	방을 작게	列 判 到	⊟	위를 평평히, 아래를 평평히	明 野 記	╱	가로획의 오른쪽을 올려서	七 九 也

(3) 永字八法(영자 팔법)

모든 한자(漢字)에 공통으로 적용되는 획(畫)의 운필법(運筆法; 붓을 놀려 쓰는 방법)을 '永(영)'자의 여덟 가지 획으로써 설명한 것으로, 중국 후한(後漢) 때의 문인이며 서가(書家)였던 채 옹(蔡邕; 132~192)이 고안하였다고 한다.

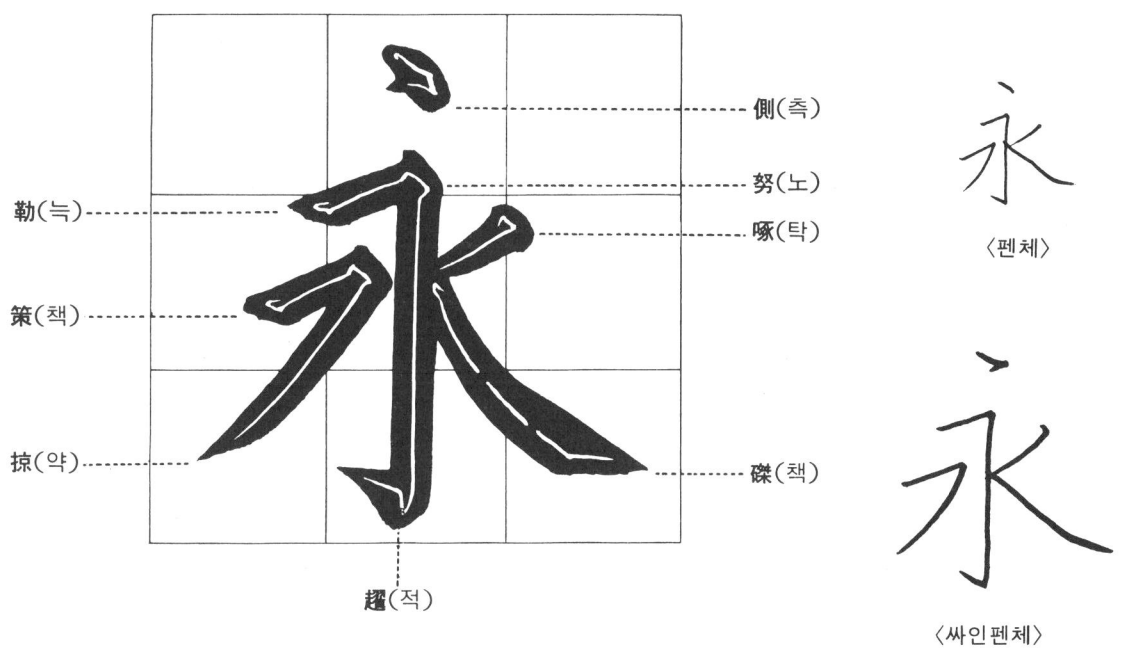

〈펜체〉

〈싸인펜체〉

╲	側(측)	점 찍는 법	가로로 눕히지 않는다.
一	勒(늑)	가로 긋는 법	수평을 꺼린다.
丨	努(노)	내리긋는 법	수직으로 곧바로 내려 힘을 준다.
亅	趯(적)	올려 치는 법	갈고리로, 송곳 같은 세력을 요한다.
╱	策(책)	오른쪽으로 치키는 법	치침으로, 우러러 거두면서 살며시 든다.
ノ	掠(약)	길게 삐치는 법	삐침으로, 왼쪽을 가볍게 흘려 준다.
丶	啄(탁)	짧게 삐치는 법	짧은 삐침으로, 높이 들어 빨리 삐친다.
╲	磔(책)	파임하는 법	가볍게 대어 천천히 오른쪽으로 옮긴다.

❸. 획순의 일반적인 원칙

위로부터 아래로					
三	言	音	多	眞	壹

가로획을 먼저					
十	寸	土	木	世	原

왼편을 먼저					
川	仁	江	別	特	祝

가운데를 먼저					
小	山	水	出	樂	變

바깥 부분(몸)을 먼저					
火	同	風	國	間	登

꿰뚫는 획은 나중에					
中	車	事	女	每	冊

받침 중 독립자로 쓰이지 않는 것은 맨 나중에, 독립자로 쓰이는 것은 먼저

延　建　道　通　題(먼저)　起(먼저)

삐침과 가로획					
右	布	有	左	友	在

삐침의 선후					
九	及	皮	刀	力	方

국가 공인 한자 능력 검정 시험 안내

◎ 한자 능력 검정 시험에 대하여

초·중·고생, 대학생, 직장인, 주부, 사회인 할 것 없이 한자의 이해 및 활용 능력을 평가하는 것으로서 진학과 취업에 대비하며, 평생 학습의 일환으로 익힌 한자 능력을 객관적으로 평가·인정받을 수 있는 길을 마련하여 공공 기관이나 기업체의 채용 시험, 인사고과와 각종 시험 등에 활용할 수 있도록 하는데 목적이 있다.

◎ 한자 능력 검정 국가 공인 획득

오늘 날 한자교육열을 반영하듯 사단법인 한국어문회에서 주관하는 한자 능력 검정 시험이 교육 인적 자원부에서 국가 공인을 받았다. 공인 대상 한자 능력 검정 자격증은 (사)한국어문회의 급수 중 사회 활용 급수인 4급부터 1급까지이다.

■ 한자능력검정회 검정시험

(http://www.hanja.re.kr)

- 주   관 : (사)한국어문회(☎ 02-525-4951)
- 시   행 : 한국한자능력검정회에서 시행
- 시험 일시 : 1년에 두 번(5월, 11월에 실시)
- 접수 요령 : 먼저 자신에게 맞는 급수를 정한 후 급수에 해당하는 검정료를 온라인으로 무통장 입금한다. 입금증과 증명 사진 3매(2.5×3cm), 거주지 주소, 주민 등록 번호, 한자 이름을 적어 해당 접수처로 보낸다.

    원서는 해당 접수처에서 작성하며, 별도의 비용없이 무통장 입금증과 함께 제시하면 접수가 된다.

    ※ 단체로 입금하는 경우 원서에 입금 내역을 기재한 뒤 별도의 입금 내역서(급수별 인원과 금액, 입금 총액 명기)를 작성하여 입금증과 함께 접수처에 제출하면 된다.

    ※ 이전 시험의 원서나 복사본 원서는 사용할 수 없다.

급수/검정료	1급	2급~3급Ⅱ	4급~4급Ⅱ	5급	6급	6급Ⅱ~8급
	35,000	15,000	11,000	10,000	9,000	8,000

■ 대한민국 한자 급수 자격 검정회 검정 시험

(http://www.hanja.net)

- 시행 기관 : 대한민국 한자 급수 자격 검정회(☎02-708-4949)
- 시행 시기 : 연2회(5월, 11월)
- 응시 자격 : 제한 없음
- 시험 급수 : 준5급, 5급, 준4급, 4급, 준3급, 3급, 준2급, 2급, 준1급, 1급, 사범
- 급수별 선정 한자수

시험급수	준5급	5급	준4급	4급	준3급	3급	준2급	2급	준1급	1급	사범
배정한자	100	250	400	600	800	1,000	1,500	2,000	2,500	3,500	5,000

■ 한국외국어자격평가원 검정 시험

(http://www.leveltest.or.kr)

- 시행 기관 : 한국외국어자격평가원(☎02-3665-3093~6)
- 시행 시기 : 년6회 실시, 제49회: 8월 12일, 50회: 9월 23일, 51회: 11월 18일실시
- 응시 자격 : 제한 없음
- 시험 급수 : 초등 한자(1, 2, 3급), 실용한자(1, 2, 3, 4, 5급)

구 분	초 등 한 자	실 용 한 자
출제기준	・초등 한자는 쉽고 기초적인 한자 600자를 선정하여 읽고, 쓰고 이해하고, 활용하는 능력을 평가한다. ・각 등급 공히 총점 200점 만점으로 되어 있고, 총점의 60% 이상을 득점하면 해당 급수의 자격증을 받는다.	・중・고・대학생과 사회인을 대상으로, 난이도에 따라 등급별로 차등을 둔 실용 한자 능력 평가는 각 등급 공히 총점 200점을 만점으로 하며, 총점의 6% 이상을 득점했을 때 해당 등급의 자격증을 받는다.
5급		중학 한문교육용 기초 한자 900자(초등 한자 600자 포함)
4급		기본 상용 한자400자(5급 범위 포함 누계 1,300자)
3급	획수가 적고 매우 쉬운 초보적인 한자 150자	상용 한자 500자(4급 범위 포함 누계 1,800자)
2급	비교적 쉬운 기초한자 200자(3급 범위 포함, 누계 350자)	준상용 한자 700자(3급 범위 포함 누계 2,500자)
1급	기초 한자 250자(3급 및 2급 범위 포함, 누계 600자)	상용 한자 2,000자 준 상용 한자 1,500자(행정 구역 명칭, 인명용 한자, 성씨 한자 등 실용적인 한자 총망라)

- **접수처**
  - 서울 : (사)한국어문회(서울 교대 정문 맞은 편 교대 벤처타워 501호)
- **접수시 준비물**

  증명 사진 3매/ 검정료 무통장 입금증/ 한자 이름/ 주민 등록 번호/ 정확한 거주지 주소
- **응시 자격**
  - 제한 없음. 능력에 맞게 급수를 선택하여 응시하면 된다.
  - 1급은 2급 합격자에 한하여 응시할 수 있다.
- **발   표** : (사)한국어문회 사이트 및 ARS 700-4300
- **급수별 합격 기준**

  1급은 출제 문항수의 80% 이상, 기타 급수는 70% 이상 득점하면 합격.
  (각 급수별 합격 문항수 참조)

급수별 합격기준	8급	7급	6급 II	6급	5급	4급 II	4급	3급 II	3급	2급	1급
출제 문항수	50	70	80	90	100	100	100	150	150	150	200
합격 문항수	35	49	56	63	70	70	70	105	105	105	160
시험 시간(분)					50				60		90

- **유형별 출제 문항수**

  쓰기 배정 한자는 한 두 아래 급수의 읽기 배정 한자이거나 그 범위 내에 있다. 아래의 출제 유형 기준표는 기본 지침 자료로서 출제자의 의도에 따라 조금 차이가 있을 수 있다.

유형별 출제 문항수	8급	7급	6급 II	6급	5급	4급 II	4급	3급 II	3급	2급	1급
읽기 배정자	50	150	300	300	500	750	1,000	1,400	1,807	2,350	3,500
쓰기배정한자	0	0	50	150	300	400	500	750	1,000	1,807	2,000
독 음	25	32	32	33	35	35	30	45	45	45	50
훈 음	25	30	30	23	24	22	22	27	27	27	32
장 단 음	0	0	0	0	0	0	5	5	5	5	10
반 의 어	0	3	3	4	4	3	3	10	10	10	10
완 성 형	0	3	3	4	5	5	5	10	10	10	15
부 수	0	0	0	0	0	3	3	5	5	5	10
유 의 어	0	0	0	2	3	3	3	5	5	5	10
동음이의어	0	0	0	2	3	3	3	5	5	5	10
뜻 풀 이	0	2	2	2	3	3	3	5	5	5	10
약 자	0	0	0	0	0	3	3	3	3	3	3
한자쓰기	0	0	10	20	20	20	20	30	30	30	40

한자 능력 검정 합격자는 이러한 혜택이 있다

1. 초·중·고등 학교 생활 기록부에 등재된다.

한국어문회 한자 능력 검정 급수 중 1급~4급은 국가 공인 자격증이므로 교육부훈령 제607호 제11조의 규정에 따라 학생이 취득한 자격 사항을 생활 기록부의 '자격증'란에 기재하고, 4Ⅱ급~8급은 동령 제18조의 규정에 따라 생활 기록부 '세부 능력 특기 사항'란에 기재한다.

2. 대입 수시 모집의 특기자 전형 및 학점에 반영된다.

① 2·3급 이상자 대입 특별 전형
② 4급 이상자 우선 전형
③ 국문학부 면접시 가산점 부여
④ 졸업에 3급 이상 필수
⑤ 전교생에 학점에 반영
⑥ 전교생 특별 가산점, 학적부에 등재
⑦ 급수증 소지자 특기자 전형시 우대

3. 공무원·군인 등의 인사고과에 반영된다

공무원의 경우 승진 및 인사고과에 반영되며, 육군 간부 승진 심사에 한국어문회 한검 급수증이 공식 반영되어 하사관은 5급 이상, 위관 장교는 4급, 영관 장교는 3급 이상이면 승진 및 인사고과에서 유리하다.

4. 언론사·기업체 인사고과에 반영된다.

조선일보사 기자 채용 시험의 응시 자격으로 한국어문회 급수증 3급 이상을 요구하고 있으며, 현대·한전·SK·대한항공·두산 등의 대기업에서는 면접시 우대한다.

또한 금호 그룹의 경우에는 신입 사원 및 전직원 2년에 1회 한자 시험을 실시하는데 급수자는 시험이 면제된다.

이 밖에도 기타 많은 분야에서 한검 급수증 소지자는 우대받고 있다.

家 집, 전문가 가	家							`丶丶宀宀宀宁宁宇家家家`	家計(가계), 家庭(가정), 畫家(화가)
街 거리 가	街							`ノ彳彳彳彳徉徍街街`	街頭(가두), 街路(가로), 市街(시가)
可 옳을 가	可							`一丁丆可可`	可決(가결), 可否(가부), 不可(불가)
歌 노래 가	歌							`一丁丆可可哥哥哥歌歌`	歌曲(가곡), 歌手(가수), 校歌(교가)
加 더할 가	加							`フカ加加加`	加減(가감), 加速度(가속도)
價 값 가	價							`亻亻价价価価価價價`	價格(가격), 價値(가치), 物價(물가)
假 거짓 가	假							`亻亻们们们伵作作假假`	假名(가명), 假說(가설), 假借(가차)
暇 겨를 가	暇							`丨冂日日旷旷旷䁖暇暇`	休暇(휴가), 餘暇(여가)

한자	쓰기	획순	예
刻 새길, 시각 각	刻	丶 亠 宀 亥 亥 刻 刻	木刻(목각), 時刻(시각)
各 각각 각	各	丿 夂 夂 冬 各 各	各界(각계), 各自(각자), 各處(각처)
角 뿔 각	角	丿 宀 宀 角 角 角	角度(각도), 四角(사각), 牛角(우각)
覺 깨달을 각	覺　　　覚	丶 宀 臼 臼 與 學 學 覺 覺	先覺(선각), 感覺(감각)
看 볼, 지킬 간	看	一 二 三 手 手 看 看 看	看過(간과), 走馬看山(주마간산)
干 방패, 천간 간	干	一 二 干	干城(간성), 干支(간지), 十干(십간)
間 사이 간	間	丨 冂 冂 門 門 門 問 問 間 間	間接(간접), 夜間(야간), 中間(중간)
簡 간략, 편지 간	簡	丿 𠂉 𠂉 𥫗 𥫗 簡 簡 簡 簡 簡	書簡(서간), 簡單(간단)

甘 달 감	甘	一十卄廿甘	甘味(감미), 苦盡甘來(고진감래)
減 덜 감	減	氵氵氵氵氵氵減減減	減量(감량), 減少(감소), 加減(가감)
感 느낄 감	感	丿厂厂厈咸咸感感感	感謝(감사), 感想(감상), 感情(감정)
敢 굳셀 감	敢	一一工干干青耳耳敢敢	勇敢(용감), 果敢(과감), 敢行(감행)
監 볼, 감옥 감	監	丨丨丨臣臣臣臣監監監	監修(감수), 監獄(감옥)
甲 첫째천간: 갑 갑 옷 : 갑	甲	丨冂冂日甲	甲骨(갑골), 甲午(갑오), 回甲(회갑)
江 물, 강 강	江	丶丶氵汀江江	江南(강남), 江山(강산), 長江(장강)
降 내릴 강 항복할 항	降	丨丨阝阝阝阡陉降降	降雨(강우), 降下(강하), 投降(투항)

講 익힐, 욀 강	講	講讀(강독), 講習(강습), 講義(강의)
	〻 言 言 計 詳 詳 詳 講 講 講	
強 강할 강	強	強國(강국), 強力(강력), 強弱(강약)
	丨 丨 弓 弘 引 引 弼 弼 強 強	
康 편안할 강	康	康寧(강녕), 健康(건강)
	丶 广 广 庐 庐 序 序 康 康 康	
改 고칠 개	改	改正(개정), 朝令暮改(조령모개)
	丨 丨 己 己 己 改 改	
個 낱 개	個	個別(개별), 個人(개인), 各個(각개)
	丿 亻 亻 们 们 們 們 個 個 個	
開 열 개	開	開國(개국), 開業(개업), 開化(개화)
	丨 丨 丨 門 門 門 開 開 開	
客 손, 나그네 객	客	客室(객실), 客窓(객창), 旅客(여객)
	丶 丶 宀 宀 安 客 客 客	
更 다시 갱, 고칠 경	更	更生(갱생), 更新(갱신), 變更(변경)
	一 丆 丙 百 更 更	

漢字	쓰기	필순	단어
去 갈, 버릴 거	去	一 十 土 去 去	去留(거류), 過去(과거), 除去(제거)
巨 클 거	巨	一 丆 丅 巨 巨	巨大(거대), 巨物(거물), 巨富(거부)
居 살 거	居	𠃍 コ 尸 尸 尸 居 居 居	居室(거실), 居住(거주), 居處(거처)
車 수레 거·차	車	一 丆 甶 甶 甶 車 車	車道(차도), 人力車(인력거)
擧 들, 모두 거	擧	´ ⺈ ⺈ 臼 臼 甶 與 與 擧	擧國(거국), 擧手(거수), 擧族(거족)
拒 맞설 거	拒	一 十 扌 扩 扫 拒 拒	抗拒(항거), 拒絕(거절)
據 의거할 거	據 據	一 十 扌 扩 扩 护 據 據 據	依據(의거), 割據(할거)
建 세울 건	建	𠃍 ⺈ ヨ ⺺ 聿 聿 肂 建 建	建國(건국), 建設(건설), 再建(재건)

件 조건,사건 건	件	ノ 亻 亻 仁 仵 件					條件(조건), 事件(사건)
健 건강할 건	健	亻 亻 亻 亻ヨ 亻ヨ 信 律 俥 健 健					健康(건강), 健鬪(건투)
傑 뛰어날 걸	傑	亻 亻 亻ヶ 亻ヶ 亻久 亻タヒ 偅 偅 傑					傑作(걸작), 豪傑(호걸)
儉 검소할 검	儉	亻 亻 亻ヘ 亻ヘ 亻ヘ 俭 僉 儉 儉				儉	儉素(검소), 勤儉(근검)
檢 검사할 검	檢	十 木 朳 柃 柃 柃 梌 檢 檢 檢				檢	檢査(검사), 點檢(점검)
格 격식,품위 격	格	一 十 才 木 木' 朳 柊 柊 格 格					規格(규격), 人格(인격)
擊 칠 격	擊	一 亘 車 車 車 軎 軗 軗 擊 擊				擊	擊破(격파), 目擊(목격)
激 과격할 격	激	氵 氵 沪 泊 泊 泊 浔 激 滂 激					激動(격동), 奮激(분격)

犬 개 견	犬							
一 ナ 大 犬						忠犬(충견), 犬馬之勞(견마지로)		

見 볼 견	見							
丨 冂 冂 月 目 貝 見						見本(견본), 見學(견학), 發見(발견)		

堅 굳을 견	堅							
丨 厂 臣 臣 臣 臤 堅 堅						堅固(견고), 堅實(견실), 堅忍(견인)		

決 정할 결	決							
丶 丶 氵 汀 汢 決						決心(결심), 決定(결정), 判決(판결)		

結 맺을 결	結							
幺 幺 糸 糸 紅 結 結 結						結論(결론), 結實(결실), 歸結(귀결)		

潔 깨끗할 결	潔							
氵 汘 汫 潔 潔 潔 潔 潔 潔						潔白(결백), 純潔(순결), 淸潔(청결)		

缺 이지러질 결	缺							
ノ 𠂊 ⺍ 午 缶 缶 缶 缺 缺						缺點(결점), 缺席(결석)		

京 서울 경	京							
亠 亠 古 古 亨 京 京						京城(경성), 京鄕(경향), 上京(상경)		

한자	쓰기	획순	단어
景 경치 경	景	冂 日 旦 昙 昱 景 景 景 景	景致(경치), 風景(풍경), 光景(광경)
輕 가벼울 경	輕	一 亘 車 車 軒 輕 輕 輕 輕	輕傷(경상), 輕視(경시), 輕重(경중)
經 지낼, 다스릴 경	經	幺 幺 糸 紉 紉 經 經 經 經	經過(경과), 經路(경로), 經由(경유)
敬 공경할 경	敬	艹 艹 苟 苟 苟 敬 敬	敬愛(경애), 敬意(경의), 尊敬(존경)
驚 놀랄 경	驚	艹 苟 苟 敬 敬 驚 驚 驚	驚異(경이), 驚風(경풍), 驚歎(경탄)
慶 경사 경	慶	广 广 庐 庐 庐 慶 慶 慶 慶	慶事(경사), 慶祝(경축), 慶賀(경하)
競 다툴 경	競	立 产 音 音 竞 競	競馬(경마), 競爭(경쟁), 競走(경주)
境 지경, 형편 경	境	土 圹 圹 垃 培 培 境 境	境界(경계), 環境(환경)

鏡 거울 경	鏡					
	⺈ 亠 圥 金 釒 鈴 錇 鏡 鏡 鏡				鏡臺(경대), 眼鏡(안경)	
傾 기울 경	傾					
	ノ 亻 亻 化 化 化 佰 価 傾 傾				傾斜(경사), 傾國(경국)	
警 경계할 경	警					
	⺀ ⺊ 艹 芦 芍 苟 敬 敬 警 警				警戒(경계), 警世(경세)	
季 끝, 철 계	季					
	ノ 二 千 禾 禾 季 季 季				季父(계부), 季氏(계씨), 季節(계절)	
界 지경, 한계 계	界					
	丨 冂 罒 田 田 甲 更 界 界				世界(세계), 視界(시계), 限界(한계)	
計 셈할, 꾀할 계	計					
	丶 亠 宀 言 言 言 言 言 計				計量(계량), 計算(계산), 設計(설계)	
鷄 닭 계	鷄					
	ノ 灬 玊 奚 奚 鵄 鵄 鵄 鷄 鷄				鷄犬(계견), 金鷄(금계), 養鷄(양계)	
系 이를, 계통 계	系					
	一 丆 玊 玊 系 系 系				直系(직계), 系統(계통)	

한자	쓰기	획순	단어
係 걸릴, 계 계	係	丿 亻 亻 佢 佢 伖 係 係	關係(관계), 係員(계원)
戒 경계할 계	戒	一 二 テ 开 戒 戒 戒	戒告(계고), 齋戒(재계)
繼 이을 계	繼　　　　　　継	乙 纟 纟 纟 纟 纟 纟 繼 繼 繼	繼續(계속), 繼母(계모)
階 섬돌, 차례 계	階	丂 阝 阝 阝 阝 阡 阡 階 階 階	階級(계급), 段階(단계)
古 예 고	古	一 十 十 古 古	古物(고물), 古城(고성), 太古(태고)
故 연고, 죽을 고	故	一 十 十 古 古 古 扌 故 故	故人(고인), 故鄕(고향), 事故(사고)
固 굳을 고	固	丨 冂 冂 門 門 周 周 固	固守(고수), 固定(고정), 固體(고체)
苦 괴로울 고	苦	一 十 十 廾 芏 芏 芐 苦 苦	苦難(고난), 苦樂(고락), 勞苦(노고)

高 높을 고	高						
	丶 亠 亠 古 古 亭 高 高 高 高					高貴(고귀), 高低(고저), 高地(고지)	

告 고할 고	告						
	ノ ト 止 牛 牛 告 告					告示(고시), 告知(고지), 密告(밀고)	

考 상고할, 시험 고	考						
	一 十 土 耂 耂 考					考試(고시), 考察(고찰), 參考(참고)	

庫 곳집 고	庫						
	丶 亠 广 广 广 庐 庐 庐 庫 庫					庫房(고방), 金庫(금고)	

孤 외로울 고	孤						
	7 了 子 孑 孑 孤 孤 孤					孤獨(고독), 孤兒(고아)	

谷 골 곡	谷						
	ノ 八 父 父 谷 谷 谷					谷水(곡수), 溪谷(계곡), 深谷(심곡)	

曲 굽을, 가락 곡	曲						
	1 口 曰 曲 曲 曲					曲線(곡선), 曲盡(곡진), 作曲(작곡)	

穀 곡식 곡	穀						
	一 十 土 声 声 壴 壴 穀 穀 穀					穀物(곡물), 穀食(곡식), 五穀(오곡)	

한자	쓰기	필순	단어
困 (곤할 곤)	困	ㅣ 冂 冂 用 困 困 困	貧困(빈곤), 困境(곤경), 困難(곤란)
骨 (뼈 골)	骨	ㅣ 冂 冂 冃 冎 骨 骨 骨 骨	骨肉(골육), 骨子(골자), 氣骨(기골)
工 (장인, 공업 공)	工	一 丁 工	工藝(공예), 工作(공작), 工場(공장)
功 (공 공)	功	丁 工 功 功	功勞(공로), 功臣(공신), 武功(무공)
空 (빌, 하늘 공)	空	丶 丷 宀 宂 宊 空 空 空	空間(공간), 空軍(공군), 空中(공중)
共 (함께 공)	共	一 十 卄 丑 共 共	共同(공동), 共通(공통), 反共(반공)
公 (공변될 공)	公	丿 八 公 公	公明(공명), 公正(공정), 公共(공공)
孔 (구멍, 성 공)	孔	乛 了 子 孔	孔穴(공혈), 孔孟(공맹)

攻 칠, 닦을 공	攻						一 T I 工 巧 攻 攻	攻擊(공격), 專攻(전공)
果 실과, 과연 과	果						丨 冂 曰 日 旦 甲 杲 果	果實(과실), 果然(과연), 結果(결과)
課 부과할, 시험 과	課						亠 亠 言 言 訂 評 評 課 課	課稅(과세), 課試(과시), 考課(고과)
科 조목, 과거 과	科						二 千 禾 禾 禾 科 科	科目(과목), 科學(과학), 科擧(과거)
過 지날 과	過						丨 冂 口 曰 円 咼 咼 渦 過 過	過客(과객), 過失(과실), 通過(통과)
官 벼슬, 관청 관	官						丶 丶 宀 宁 宁 它 官 官	官民(관민), 高官(고관), 任官(임관)
觀 볼, 생각할 관	觀						丶 丶 丷 艹 苎 芦 雚 雚 觀 觀	觀光(관광), 觀察(관찰), 主觀(주관)
關 관계할, 빗장 관	關						冂 冂 冂 門 門 門 閂 閞 關 關 關	關與(관여), 關門(관문), 稅關(세관)

한자	쓰기	필순	단어
管 대롱 관	管	ノ ノ ﾉ ⺮ ⺮ ⺮ 竺 竺 笁 管 管	管絃(관현), 管掌(관장)
光 빛 광	光	丨 丨 丨 ⺌ 兴 斨 光	光明(광명), 光線(광선), 春光(춘광)
廣 넓을 광	廣	一 广 广 产 产 产 席 席 庸 廣	廣大(광대), 廣野(광야), 廣告(광고)
鑛 쇳돌 광	鑛　　　　　　　鉱	金 金' 釒 釒 鈩 鋅 鑛 鑛 鑛 鑛	鑛山(광산), 鑛石(광석)
交 사귈 교	交	一 亠 六 交 交	交代(교대), 交通(교통), 社交(사교)
校 학교 교	校	一 十 才 木 木 朽 栌 校 校 校	校舍(교사), 校長(교장), 學校(학교)
橋 다리 교	橋	木 木' 朽 栌 栌 椅 桥 橋 橋	橋脚(교각), 橋頭(교두), 鐵橋(철교)
敎 가르칠 교	敎	ㄨ ㄨ ㆍ ㅗ 丯 孝 孝 敎 敎 敎	敎授(교수), 敎育(교육), 敎會(교회)

九 아홉 구	九							
	ノ 九						九泉(구천), 九死一生(구사일생)	

口 입 구	口							
	丨 口 口						口實(구실), 耳目口鼻(이목구비)	

求 구할, 찾을 구	求							
	一 十 寸 求 求 求 求						求愛(구애), 欲求(욕구), 探求(탐구)	

救 구원할 구	救							
	一 十 寸 才 汀 求 求 救 救 救						救國(구국), 救命(구명), 救助(구조)	

究 궁구할 구	究							
	丶 丶 宀 宀 空 究 究						究明(구명), 硏究(연구), 探究(탐구)	

(句) 글귀 구	句							
	ノ 勹 勹 句 句						句節(구절), 句點(구점), 字句(자구)	

舊 예 구	舊							旧
	艹 艹 艿 艿 萑 萑 蒦 舊 舊 舊						舊式(구식), 舊惡(구악),	

區 구역 구	區							区
	一 丆 兀 冴 戸 严 品 品 區						區域(구역), 區分(구분)	

具 갖출, 그릇 구	具						
	丨 冂 冂 月 月 且 具 具				具備(구비), 器具(기구)		
構 얽을, 맺을 구	構						
	木 朾 朾 构 样 榙 構 構 構				構成(구성), 構怨(구원)		
球 구슬, 공 구	球						
	二 丅 王 王 珒 玤 玤 球 球 球				球根(구근), 球技(구기)		
國 나라 국	國						
	丨 冂 冂 冂 冋 囸 國 國 國				國家(국가), 國民(국민), 愛國(애국)		
局 판, 형편 국	局						
	一 フ ユ 尸 月 局 局				對局(대국), 局面(국면)		
(君) 임금 군	君						
	一 コ ヨ 尹 尹 君 君				君主(군주), 君師父(군사부)		
郡 고을 군	郡						
	一 コ ヨ 尹 尹 君 君 君' 君3 郡				郡民(군민), 郡守(군수), 郡廳(군청)		
軍 군사 군	軍						
	' 冖 冖 冖 戸 冒 冒 宣 軍				軍人(군인), 軍卒(군졸), 三軍(삼군)		

群 무리 군	群						ㄱ ㄱ ㄹ 尹 尹 君 君 君' 群` 群	群衆(군중), 群島(군도)
屈 굽을,다할 굴	屈						ㄱ ㄱ 尸 尸 屈 屈 屈 屈	屈伸(굴신), 屈力(굴력)
宮 집, 궁궐 궁	宮						` 宀 宀 宁 宁 宮 宮 宮 宮	宮女(궁녀), 宮闕(궁궐)
窮 궁할 궁	窮						宀 宀 宀 窈 窮 窮 窮 窮 窮 窮	困窮(곤궁), 窮究(궁구)
卷 책 권	卷						` ` 八 스 스 岁 尖 朱 卷	卷末(권말), 卷頭言(권두언)
券 문서 권	券						` ` 二 二 岁 尖 卷 券	旅券(여권), 文券(문권)
權 권세 권	權						木 木' 杧 栌 栌 栌 榷 榷 權 權	權利(권리), 權勢(권세), 特權(특권)
勸 권할 권	勸						艹 艹 芇 芇 荜 荜 蕽 雚 勸 勸	勸告(권고), 勸農(권농), 勸業(권업)

貴 귀할 귀	貴	′ 口 中 虫 虫 贵 青 冑 貴 貴	貴人(귀인), 貴公子(귀공자)
歸 돌아갈 귀	歸	′ ſ 白 ẞ ẞ 皀 皀 皀 皀 歸 歸	歸家(귀가), 歸順(귀순), 復歸(복귀)
規 법, 바를 규	規	= ≠ 夫 치 却 却 担 担 規 規	法規(법규), 規制(규제)
均 고를 균	均	一 十 土 圹 均 均 均	均等(균등), 均一(균일)
極 지극할 극	極	一 十 十 木 木 朽 柯 柯 極 極 極	極力(극력), 極盡(극진), 至極(지극)
劇 심할, 연극 극	劇	′ 上 广 卢 卢 虍 虐 虗 豦 劇	劇藥(극약), 演劇(연극)
近 가까울 근	近	′ ſ 广 斤 沂 近 近	近方(근방), 近世(근세), 接近(접근)
勤 부지런한 근	勤	一 艹 廿 芍 苗 革 菫 菫 勤 勤	勤勉(근면), 勤務(근무), 外勤(외근)

한자	쓰기	획순	단어
根 뿌리, 근본 근	根	一 十 才 木 村 村 村 根 根 根	根本(근본), 根治(근치), 草根(초근)
筋 힘줄 근	筋	ノ ト ゲ ゲ 灬 竹 竹 筍 筋 筋	筋力(근력), 筋肉(근육), 鐵筋(철근)
金 쇠 금, 성 김	金	ノ 八 亼 슬 수 숲 余 金	金石(금석), 金銀(금은), 金氏(김씨)
今 이제 금	今	ノ 八 亽 今	今明(금명), 今時(금시), 現今(현금)
禁 금할 금	禁	一 十 才 木 林 林 梵 梵 禁 禁	禁物(금물), 禁止(금지), 嚴禁(엄금)
給 줄 급	給	ˊ ㄠ ㄠ 糸 糸 紆 紟 給 給	給食(급식), 自給自足(자급자족)
急 급할 급	急	ノ ク ケ 刍 刍 急 急 急	急流(급류), 急速(급속), 性急(성급)
級 등급, 목 급	級	ˊ ㄠ ㄠ 幺 糸 糸 紉 級 級	階級(계급), 首級(수급)

己	己						
몸 기	ㄱ ㄱ 己				克己(극기), 知彼知己(지피지기)		
記	記						
기록할 기	丶 一 亠 亖 言 言 言 記 記 記				記名(기명), 記憶(기억),		
起	起						
일어날 기	一 十 土 キ キ 走 走 起 起 起				起立(기립), 起工(기공), 起伏(기복)		
期	期						
기약할 기	一 十 卄 甘 其 其 其 期 期 期				期間(기간), 期待(기대), 期約(기약)		
基	基						
터 기	一 十 卄 甘 其 其 其 其 基 基				基金(기금), 基本(기본), 國基(국기)		
氣	氣					気	
기운 기	丿 一 二 气 气 气 気 氧 氣 氣				氣力(기력), 氣品(기품), 元氣(원기)		
技	技						
재주 기	一 十 才 扌 扌 抄 技				技能(기능), 技藝(기예), 妙技(묘기)		
紀	紀						
법, 해 기	丶 一 亠 亖 言 言 言 記 記 記				紀綱(기강), 紀元(기원)		

한자	쓰기	필순	단어
旗 (기 기)	旗	亠 宀 方 方 方 旂 旂 旗 旗	旗幅(기폭), 國旗(국기)
奇 (기이할 기)	奇	一 ナ 大 夲 产 产 奇 奇	奇形(기형), 新奇(신기)
寄 (부칠 기)	寄	丶 宀 宀 宀 宀 宀 宇 宗 寄 寄	寄稿(기고), 寄生(기생)
器 (그릇, 재능 기)	器	丨 口 口 吅 吅 哭 哭 器 器	器具(기구), 器量(기량)
機 (틀, 기틀 기)	機	木 木 杉 杉 松 松 機 機 機	機械(기계), 機會(기회)
汽 (물끓는김 기)	汽	丶 冫 氵 汽 汽 汽	汽笛(기적) 汽管(기관) 汽動車(기동차)
吉 (길할 길)	吉	一 十 士 吉 吉 吉	吉日(길일), 吉凶(길흉), 大吉(대길)
暖 (따뜻할 난)	暖	丨 冂 日 日' 日^ 旷 暖 暖 暖	暖流(난류), 暖房(난방), 溫暖(온난)

難 어려울 난	難	一 廿 廿 莫 莫 蔶 藋 斳 斳 難 難	難題(난제), 難解(난해), 國難(국난)
男 사내 남	男	丨 口 曰 田 田 男 男	男女(남녀), 男性(남성), 美男(미남)
南 남녘 남	南	一 十 冂 冂 内 内 南 南 南	南國(남국), 南向(남향), 江南(강남)
納 들일 납	納	' 〻 纟 纟 糸 糸 糸 約 納 納	納稅(납세), 出納(출납)
內 안 내	內	丨 冂 内 內	內	內面(내면), 內容(내용), 國內(국내)
女 계집 녀	女	乚 夂 女	女性(여성), 女人(여인), 長女(장녀)
年 해, 나이 년	年	ノ ー 二 仁 乍 年	年年(연년), 年代(연대), 今年(금년)
念 욀, 생각 념	念	ノ 人 亼 今 今 念 念 念	念頭(염두), 念佛(염불), 念願(염원)

한자	쓰기	획순	단어
怒 (성낼 노)	怒	ㄥ ㄥ 女 奴 奴 怒 怒	怒氣(노기), 怒聲(노성), 大怒(대로)
努 (힘들 노)	努	ㄥ ㄥ 女 奴 奴 努 努	努力(노력), 努目(노목)
農 (농사 농)	農	冂 曲 曲 曲 芦 芦 芦 農 農	農耕(농경), 農業(농업), 富農(부농)
能 (능할 능)	能	ㄥ ㄥ 亻 台 台 肻 肻 能 能 能	能動(능동), 能力(능력), 無能(무능)
多 (많을 다)	多	ノ ク タ タ 多 多	多少(다소), 多數(다수), 過多(과다)
單 (홑 단)	單	口 吅 吅 吅 罒 單 單 單 單	單獨(단독), 單語(단어), 單位(단위)
短 (짧을, 허물 단)	短	ㅗ ㅗ 수 矢 矢 知 知 短 短	短歌(단가), 短命(단명), 長短(장단)
端 (바를, 끝 단)	端	亠 뉴 뉴 뽀 뽀 뽀 뽀 端 端 端	端言(단언), 端正(단정), 末端(말단)

段 층계, 수단 단	段					′ 亻 ſ F 钅 臼 臣 段 段		階段(계단), 手段(수단)	
壇 제단, 단 단	壇					土 圹 圹 圹 圹 圹 埼 壇 壇 壇		祭壇(제단), 演壇(연단)	
檀 박달나무 단	檀					十 木 朽 朽 朽 朽 柿 柿 楠 檀		檀君(단군), 檀木(단목)	
斷 끊을 단	斷					′ ′ ′ 丝 銤 銤 斷 斷 斷		斷絶(단절), 斷案(단안)	断
團 모일 단	團					冂 冂 冋 冋 冋 團 團 團 團		團結(단결), 團合(단합)	団
達 통달할 달	達					一 十 亠 去 古 查 幸 圭 達 達		達觀(달관), 達人(달인), 發達(발달)	
談 말씀 담	談					′ 亠 ㆃ 言 言 言 訁 訁 談 談		談笑(담소), 談話(담화), 美談(미담)	
擔 멜 담	擔					十 扌 扌 扩 扩 护 擔 擔 擔		擔當(담당), 負擔(부담)	担

答 대답할 답	答	ノ ノ ト ゲ 竺 竺 笁 答 答 答						答禮(답례), 名答(명답), 應答(응답)
堂 당당할, 집 당	堂	丶 丷 丷 丷 丷 兴 兴 尚 堂 堂						堂堂(당당), 堂號(당호)
當 마땅할 당	當	丨 丷 丷 丷 尚 尚 当 営 當 當					当	當面(당면), 當然(당연), 當代(당대)
黨 무리 당	黨	丨 丷 丷 尚 尚 常 常 常 黨 黨					党	分黨(분당), 黨派(당파)
大 큰 대	大	一 ナ 大						大陸(대륙), 大成(대성), 重大(중대)
代 대신할, 대 대	代	ノ 亻 仁 代 代						代理(대리), 代身(대신), 歷代(역대)
待 기다릴 대	待	ノ ノ 彳 彳 彳 待 待 待 待						待望(대망), 待命(대명), 接待(접대)
對 대할 대	對	丨 丷 业 业 半 半 半 對 對 對					対	對答(대답), 對面(대면), 相對(상대)

帶 띠, 구역 대	帶							
	一 ㅜ ㅛ 卅 世 世 带 带 帶 帶				革帶(혁대), 地帶(지대)			
隊 떼 대	隊							隊
	﹐ 阝 阝 阝 阶 阶 陊 陊 隊 隊				隊員(대원), 軍隊(군대)			
德 덕 덕	德							
	﹐ 彳 彳 彳 彳 彳 德 德 德 德				德性(덕성), 德行(덕행), 恩德(은덕)			
到 이를 도	到							
	一 工 亞 至 至 至 到 到				到來(도래), 到着(도착), 到處(도처)			
度 법도 도	度							
	丶 广 广 广 产 庐 度 度				尺度(척도), 法度(법도), 制度(제도)			
道 길 도	道							
	丶 丷 丷 丷 丷 首 首 首 道 道				道德(도덕), 道路(도로), 街道(가도)			
島 섬 도	島							
	﹐ 亻 亻 亻 亻 亻 鳥 島 島 島				島民(도민), 半島(반도), 孤島(고도)			
徒 무리 도	徒							
	﹐ 彳 彳 彳 彳 彳 徏 徏 徒 徒				信徒(신도), 徒步(도보), 生徒(생도)			

한자	쓰기	획순	단어
都 (도읍 도)	都	一十土耂耂耂者者者都都	都城(도성), 都市(도시), 王都(왕도)
圖 (꾀할, 그림 도)	圖	冂门門冎冏周圕圖圖圖	圖書(도서), 圖示(도시), 圖案(도안)
逃 (달아날 도)	逃	丿丿兆北兆兆洮逃逃	逃亡(도망), 逃走(도주)
導 (인도할 도)	導	丷䒑䒑芢首首道道導導	引導(인도), 導入(도입)
盜 (도둑 도)	盜	丶冫冫汐次次浻浻盜盜	盜賊(도적), 盜伐(도벌)
讀 (읽을 독)	讀	丶亠言言訁詰詰讀讀讀	讀書(독서), 讀解(독해), 精讀(정독)
獨 (홀로 독)	獨	丿犭犭犯犯獨獨獨獨 独	獨立(독립), 獨身(독신), 唯獨(유독)
毒 (독, 독할 독)	毒	一十丰主𠂒青青毒毒	毒藥(독약), 害毒(해독)

督 감독할 독	督							`丶 丷 卜 オ 才 朮 叔 叔 督 督`	監督(감독), 督促(독촉)
同 한가지 동	同							`丨 冂 冂 冋 同 同`	同時(동시), 同一(동일), 合同(합동)
洞 고을 동	洞							`丶 丶 氵 氵 泂 洞 洞 洞 洞`	洞口(동구), 洞里(동리), 洞窟(동굴)
童 아이 동	童							`亠 立 产 产 音 音 音 童 童 童`	童心(동심), 童話(동화), 兒童(아동)
冬 겨울 동	冬							`丿 ク 夂 冬 冬`	冬季(동계), 冬服(동복), 三冬(삼동)
東 동녘 동	東							`一 厂 币 盲 盲 車 東 東`	東方(동방), 東便(동편), 極東(극동)
動 움직일 동	動							`一 二 千 千 盲 盲 車 重 動 動`	東方(동방), 東便(동편), 極東(극동)
銅 구리 동	銅							`人 스 牟 牟 金 金 釗 釗 銅 銅`	銅錢(동전), 銅像(동상)

한자	쓰기	획순	단어
斗 말, 별이름 두	斗	、、二斗	斗屋(두옥), 北斗七星(북두칠성)
豆 콩 두	豆	一「ㅠ戸百豆豆	豆太(두태), 豆油(두유), 黑豆(흑두)
頭 머리 두	頭	一戸百豆豇頭頭頭頭	頭角(두각), 頭目(두목), 書頭(서두)
得 얻을 득	得	ノイイ尸尸呎得得得得	得勢(득세), 得失(득실), 利得(이득)
等 등급 등	等	ノトドベベ竺笁笁等等	等式(등식), 等外(등외), 均等(균등)
登 오를 등	登	フヌダダ癶癶癶登登登	登山(등산), 登用(등용), 登場(등장)
燈 등 등 (灯)	燈	火灯灯灯灯烙烙烙燈	消燈(소등), 街路燈(가로등)
羅 비단,벌일 라	羅	丨冂罒罒罗羿羿羅羅	羅列(나열), 網羅(망라)

落 떨어질 락	落					` ヽ ヾ ゛ ゛ 艹 汁 汁 芝 莎 茨 落 落 `	落心(낙심), 落後(낙후), 下落(하락)	
樂 즐길 락, 풍류 악, 좋아할 요	樂					` ′ ′ 白 白 白 伯 伯 姫 蝉 樂 樂 `	樂曲(악곡), 樂園(낙원), 軍樂(군악)	楽
卵 알 란	卵					` ′ 〈 広 白 的 的 卵 `	卵生(난생), 産卵(산란), 鷄卵(계란)	
亂 어지러울 란	亂					` ′ 「 ″ ″ ″ 严 呙 呙 呙 亂 `	亂世(난세), 戰亂(전란)	乱
覽 볼 람	覽					` 丨 匚 匚 匚 匚 臣 臣 臣 臣一 臨 臨 臨 覽 `	覽讀(남독), 觀覽(관람)	覧
朗 밝을, 맑을 랑	朗					` ′ ゥ 彐 自 自 自 郎 朗 朗 朗 `	明朗(명랑), 朗讀(낭독)	
來 올 래	來					` 一 厂 厂 厂 來 來 來 來 `	來歷(내력), 來世(내세), 往來(왕래)	来
冷 찰 랭	冷					` ′ 冫 冫 冫 今 冷 冷 `	冷水(냉수), 冷情(냉정), 寒冷(한랭)	

略	略							
간략할 략	丨 冂 冂 田 田 田ノ 田夕 田夂 略 略					簡略(간략), 計略(계략)		

良	良							
어질 량	` ヿ ㅋ ㅋ 皀 良 良					良民(양민), 改良(개량), 善良(선량)		

兩	兩						両
두 량	一 ㄧ 厂 丙 丙 雨 兩 兩					兩家(양가), 兩親(양친), 兩便(양편)	

量	量						
헤아릴, 용량 량	` 冂 日 旦 早 昌 昌 量 量 量					量産(양산), 數量(수량), 容量(용량)	

糧	糧						
양식 량	米 米¹ 粐 粐 粐 糫 糧 糧 糧					糧穀(양곡), 軍糧(군량)	

旅	旅						
나그네 려	` 亠 ㅋ 方 方´ 方ノ 扩 旅 旅 旅					旅路(여로), 旅客(여객), 旅行(여행)	

麗	麗						麗
고울 려	冂 冂冂 严 严 麗 麗 麗 麗					華麗(화려), 麗天(여천)	

慮	慮						
생각할 려	` 一 广 庐 庐 虎 虍 虚 慮					思慮(사려), 念慮(염려)	

力 힘 력	力						ㄱ 力	力說(역설), 力道(역도), 國力(국력)
歷 지낼 력	歷					歷	一 厂 厂 厂 严 厤 厤 歷 歷 歷	歷史(역사), 歷任(역임), 經歷(경력)
連 이을 련	連						一 厂 厂 百 亘 車 車 連 連	連結(연결), 連戰連勝(연전연승)
練 익힐 련	練						ㄠ ㄠ 纟 纟 紅 紅 練 練 練	練習(연습), 試練(시련), 精練(정련)
列 벌일, 늘어설 렬	列						一 厂 万 歹 列 列	列國(열국), 列車(열차), 序列(서열)
烈 세찰 렬	烈						一 厂 万 歹 列 列 列 烈 烈 烈	烈女(열녀), 烈火(열화), 壯烈(장렬)
令 하여금, 영 령	令						ノ 人 人 今 令	令愛(영애), 法令(법령), 命令(명령)
領 거느릴 령	領						ノ 人 人 今 令 令 領 領 領 領	領相(영상), 首領(수령), 要領(요령)

例 본보기 례	例	ノ 亻 亻 伊 伊 伊 例 例					例示(예시), 例外(예외), 用例(용례)
禮 예의 례	禮	二 亍 亓 示 示' 示曲 示曹 示豊 禮					禮拜(예배), 禮節(예절), 答禮(답례)
路 길 로	路	丶 口 卫 卫 足 跙 趵 路 路					路面(노면), 路線(노선), 道路(도로)
老 늙을 로	老	一 十 土 耂 耂 老					老年(노년), 老人(노인), 長老(장로)
勞 수고로울 로	勞					勞	勞苦(노고), 勞力(노력), 勞作(노작)
		丶 丷 ⺌ 火 灶 炏 炏 炏 𤇾 勞					
綠 푸를 록	綠	𠃊 幺 幺 糸 糸 糸⺈ 紀 紀 絽 綠					綠色(녹색), 綠陰(녹음), 新綠(신록)
錄 기록할 록	錄	人 𠆢 𠂤 金 金⺈ 金⺊ 釒 鈩 鈩 錄					記錄(기록), 錄音(녹음)
論 의론할 론	論	二 言 言⺈ 言入 訟 訟 論 論 論					論文(논문), 論爭(논쟁), 結論(결론)

漢字	쓰기	필순	단어
料 (헤아릴 료)	料	丶 丶 丷 斗 米 米 米 米 料 料	料金(요금), 料量(요량), 材料(재료)
龍 (용, 임금 룡)	龍	丶 亠 立 咅 育 育 肯 背 龍 龍	龍頭(용두), 龍床(용상) / 竜
柳 (버들 류)	柳	一 十 十 木 木 朾 柳 柳 柳	柳葉(유엽), 柳陰(유음), 細柳(세류)
留 (머무를 류)	留	丶 丶 𠂉 𠄌 𠄎 留 留 留 留	留宿(유숙), 留學(유학), 居留(거류)
流 (흐를 류)	流	丶 冫 氵 浐 浐 浐 流 流 流	流動(유동), 流水(유수), 流通(유통)
類 (무리, 닮을 류)	類	丶 丷 半 米 米 类 类 剣 類 類 類	種類(종류), 類似(유사)
六 (여섯 륙)	六	丶 亠 六 六	六經(육경), 六禮(육례), 六法(육법)
陸 (뭍 륙)	陸	丿 𠃌 阝 阝 阝 阝 陸 陸 陸 陸	陸軍(육군), 陸地(육지), 大陸(대륙)

輪 바퀴, 둘레 륜	輪						
	一 厂 亓 亘 車 軒 軡 輪 輪 輪			輪禍(윤화), 輪郭(윤곽)			
律 법, 가락 률	律						
	' ⁊ 彳 彳 彳 律 律 律 律			律動(율동), 律法(율법), 軍律(군율)			
里 마을 리	里						
	丨 冂 日 日 甲 里 里			里數(이수), 里長(이장), 鄕里(향리)			
利 이로울 리	利						
	' ⁊ 千 禾 禾 利 利			利用(이용), 利益(이익), 利害(이해)			
理 이치 리	理						
	一 T F 王 𤣩 珇 玾 珅 理 理			理論(이론), 理事(이사), 處理(처리)			
李 오얏, 성씨 리	李						
	一 十 才 木 本 李 李			桃李(도리), 李氏(이씨)			
離 떠날 리	離						
	一 亠 亣 离 产 离 离 离 离 離 離			離別(이별), 離散(이산)			
林 수풀 림	林						
	一 十 才 木 朩 村 材 林			林業(임업), 林野(임야), 山林(산림)			

한자	쓰기	획순	예시
立 (설, 세울 립)	立	丶亠亣立	立法(입법), 立案(입안), 設立(설립)
馬 (말 마)	馬	丨厂厂厂㕍馬馬馬馬	馬夫(마부), 馬術(마술), 牛馬(우마)
萬 (일만 만)	萬　　　　　　万	艹艹艹芇苗苩莒萬萬萬	萬病(만병), 萬若(만약), 萬一(만일)
滿 (찰 만)	滿	氵氵沪沪沪沾淌滿滿滿	滿期(만기), 滿足(만족), 充滿(충만)
末 (끝 말)	末	一二亍才末	末端(말단), 末席(말석), 末日(말일)
亡 (망할, 잃을 망)	亡	丶亠亡	亡國(망국), 亡命(망명), 興亡(흥망)
望 (바랄, 보름 망)	望	丶亠亡刡刡朢朢望望	望月(망월), 望鄕(망향), 希望(희망)
每 (매양 매)	每	丿𠂉𠂉每每每每	每回(매회), 每時間(매시간)

買 살 매	買						ーコ丆皿四罒罒罒買買買買	買入(매입), 買收(매수), 買官(매관)
賣 팔 매	賣					売	十士吉吉吉壺壺賣賣賣	賣盡(매진), 賣買(매매), 發賣(발매)
妹 누이 매	妹						く夊女女'奼奼妹妹	妹氏(매씨), 妹弟(매제), 男妹(남매)
脈 맥, 줄기 맥	脈						丿刀月月月'肵肵脈脈脈	脈絡(맥락), 山脈(산맥)
勉 힘쓸 면	勉						丿亇亇名名免免勉	勤勉(근면), 勉學(면학), 勉行(면행)
面 낯, 쪽 면	面					靣	一丆丆百而而面面	面上(면상), 面責(면책), 顔面(안면)
名 이름 명	名						丿ク夕夕名名	名單(명단), 名人(명인), 姓名(성명)
命 목숨, 분부 명	命						丿人人合合合命命	命令(명령), 生命(생명), 亡命(망명)

明 밝을 명	明						ㅣ ㄇ 日 日 明 明 明 明	明白(명백), 明月(명월), 光明(광명)
鳴 울 명	鳴						ㅣ ㄇ ㅁ ㅁ' ㅁ' 吖 吖 鸣 鳴 鳴	共鳴(공명), 鷄鳴(계명), 悲鳴(비명)
母 어머니 모	母						ㄴ ㄇ ㄸ ㄸ 母	母國(모국), 母女(모녀), 父母(부모)
毛 털 모	毛						ㅡ ㄴ 三 毛	毛筆(모필), 二毛作(이모작)
模 법, 본뜰 모	模						木 木 ポ ポ ポ 柞 楢 槙 模 模	模範(모범), 模造(모조)
木 나무 목	木						ㅡ 十 才 木	木石(목석), 木材(목재), 木造(목조)
目 눈 목	目						ㅣ ㄇ 月 月 目	目禮(목례), 目次(목차), 耳目(이목)
牧 기를 목	牧						ノ ㄴ 上 牛 牛 牝 牧 牧	牧童(목동), 牧民(목민)

妙 묘할 묘	妙						㇑ 女 女 女 女 妙 妙	妙技(묘기), 妙味(묘미), 妙數(묘수)
墓 무덤 묘	墓						一 十 艹 艹 苩 莒 莫 莫 墓 墓	墳墓(분묘), 墓碑(묘비)
武 무술, 무사 무	武						一 二 テ 두 示 正 武 武	武功(무공), 武勇(무용), 文武(문무)
務 힘쓸 무	務						一 ㄱ ヌ 予 矛 矛 矛 孜 務 務	實務(실무), 公務(공무), 主務(주무)
無 없을 무	無						丿 亇 仁 年 無 無 無 無 無	無知(무지), 無限(무한), 虛無(허무)
舞 춤출 무	舞						丿 亇 無 無 無 舞 舞 舞 舞	舞樂(무악), 歌舞(가무), 圓舞(원무)
門 문 문	門						丨 冂 冂 月 門 門 門	門戶(문호), 窓門(창문), 名門(명문)
問 물을 문	問						丨 冂 冂 月 門 門 門 問 問	問答(문답), 問題(문제), 訪問(방문)

聞 들을 문	聞							
	丨 冂 冂 門 門 門 門 門 聞 聞 聞				見聞(견문), 聞一知十(문일지십)			
文 글월 문	文							
	丶 亠 ナ 文				文明(문명), 文字(문자), 文筆(문필)			
物 사물 물	物							
	丿 𠂉 牜 牛 牛 牞 物 物				物價(물가), 物品(물품), 事物(사물)			
米 쌀 미	米							
	丶 丷 亚 半 米 米				米價(미가), 米穀(미곡), 白米(백미)			
未 아닐 미	未							
	一 二 丰 才 未				未來(미래), 未明(미명), 己未(기미)			
味 맛 미	味							
	丨 冂 口 口一 口二 吁 味 味				興味(흥미), 別味(별미), 意味(의미)			
美 아름다울 미	美							
	丶 丷 亚 丅 䒑 丷 羊 美 美				美德(미덕), 美人(미인), 甘美(감미)			
民 백성 민	民							
	一 二 尸 戶 民				民間(민간), 民主(민주), 國民(국민)			

密	密	､ ｡ 宀 宀 少 宓 宓 宓 宻 密	密林(밀림), 密使(밀사), 密集(밀집)
빽빽할 밀			
朴	朴	一 十 オ 木 朴 朴	素朴(소박), 質朴(질박)
순박할 박			
拍	拍	一 十 扌 扌' 扌' 拍 拍 拍	拍手(박수), 拍子(박자)
손뼉칠 박			
博	博	一 十 忄 忄 恒 恒 博 博 博 博	博識(박식), 賭博(도박)
넓을, 노름 박			
反	反	一 厂 万 反	反對(반대), 反省(반성), 反逆(반역)
돌이킬 반			
半	半	､ ｡ 八 公 쓰 半	反對(반대), 反省(반성), 反逆(반역)
반 반			
班	班	一 丁 千 王 王 玝 珡 班 班 班	班給(반급), 班點(반점)
나눌, 반 반			
發	發	フ ᄀ ᄼ ᄽ ᄽ ᄽ ᄽ 癶 發 發	發生(발생), 發電(발전), 滿發(만발)
필, 일어날 발			

髮	髮					
터럭 **발**	ˊ ㄏ F 丟 乒 髟 髣 髣 髮 髮			理髮(이발), 散髮(산발)		
方	方					
모, 방위 **방**	ˋ 一 方 方			方位(방위), 方向(방향), 地方(지방)		
房	房					
방 **방**	一 ㄏ 尸 户 户 庐 房 房			房內(방내), 獨房(독방), 冷房(냉방)		
防	防					
막을 **방**	ˊ ㄋ ㅏ ㅏ ㅏ 防 防			防共(방공), 防止(방지), 國防(국방)		
放	放					
놓을 **방**	ˋ 一 方 方 方ʼ 方ʽ 放 放			放免(방면), 放送(방송), 解放(해방)		
訪	訪					
찾을 **방**	ˋ 一 一 言 言 言 言ʼ 訪 訪 訪			訪問(방문), 訪美(방미), 探訪(탐방)		
妨	妨					
방해할 **방**	ㄑ 夕 女 女ʼ 女ʼ 妨 妨			妨害(방해), 無妨(무방)		
拜	拜					
절 **배**	ˊ ˋ 三 手 手 手 手 拜 拜			拜禮(배례), 參拜(참배), 崇拜(숭배)		

配	配					
짝, 나눌 배	一 ſ ñ 丆 丙 西 酉 酉ŀ 酉ľ 配				配合(배합), 分配(분배)	

背	背					
등 배	⺈ ⺊ ⺊' ⺊ˊ 北 北' 背 背 背				背景(배경), 向背(향배)	

白	白					
흰 백	ˊ ⼃ 冂 白 白				白紙(백지), 白衣從軍(백의종군)	

百	百					
일백 백	一 ⼃ 丆 百 百 百				百萬(백만), 百姓(백성), 數百(수백)	

番	番					
차례 번	一 ⼂ 口 ⻂ 平 釆 釆ʼ 番 番 番				番地(번지), 番號(번호), 當番(당번)	

伐	伐					
칠, 벨 벌	⼃ ⼂ 亻 代 伐 伐				伐木(벌목), 伐採(벌채), 殺伐(살벌)	

罰	罰					
벌줄 벌	⼀ 冂 四 罒 罒 罒 罰 罰 罰 罰				賞罰(상벌), 罰金(벌금)	

犯	犯					
범할 범	⼃ ⼅ 犭 犭 犯				犯人(범인), 侵犯(침범)	

漢字	쓰기	획순	단어	약자
範 법, 한계 **범**	範	丿 𠂉 𥫗 竹 竺 竻 笸 筲 箽 範 範	模範(모범), 範圍(범위)	
法 법 **법**	法	丶 冫 氵 氵 汁 泮 法 法	法度(법도), 法律(법률), 商法(상법)	
壁 바람벽 **벽**	壁	丆 コ ア 尸 启 启 辟 辟 壁 壁 壁	壁畵(벽화), 壁壘(벽루)	
變 변할 **변**	變	丶 亠 言 信 紤 縊 縊 變 變 變	變更(변경), 變通(변통), 不變(불변)	変
辯 말잘할 **변**	辯	丶 亠 亠 立 立 辛 辯 辯 辯 辯	辯士(변사), 辯論(변론)	
邊 가, 국경 **변**	邊	自 皂 臯 臯 息 息 息 䑣 邊 邊	江邊(강변), 邊境(변경)	辺
別 다를, 나눌 **별**	別	丨 口 口 号 另 別 別	別個(별개), 別居(별거), 告別(고별)	
兵 군사, 싸움 **병**	兵	丿 亻 亻 仁 斤 丘 兵 兵	兵法(병법), 兵卒(병졸), 將兵(장병)	

病 병들 병	病	丶 亠 广 广 疒 疒 疒 病 病 病	病者(병자), 病患(병환), 重病(중병)
保 보전할 보	保	丿 亻 亻 仅 促 保 保 保 保	保安(보안), 保全(보전), 保證(보증)
步 걸음 보	步	丨 卜 止 止 牛 步 步	步兵(보병), 步行(보행), 初步(초보)
報 갚을 보	報	一 十 土 耂 夫 幸 幸 韩 報 報	報答(보답), 結草報恩(결초보은)
普 넓을 보	普	丶 丷 䒑 並 並 並 普 普 普 普	普及(보급), 普通(보통)
寶 보배, 돈 보	寶	宀 宀 宇 宇 宐 寍 寍 寳 寶 寶	寶物(보물), 通寶(통보)
福 복 복	福	二 亍 示 示 礻 祚 祚 福 福 福	福音(복음), 幸福(행복), 多福(다복)
伏 엎드릴 복	伏	丿 亻 亻 仆 伏 伏	伏線(복선), 伏兵(복병), 三伏(삼복)

服 따를, 옷 복	服	ﾉ 丌 月 月 凡 服 服 服				服從(복종), 着服(착복), 韓服(한복)
復 회복할 복/다시 부	復	ﾉ 彳 彳 彳 彳 袢 袢 復 復				復位(복위), 復活(부활), 光復(광복)
複 겹칠 복	複	丶 ﾉ 才 才 衤 衤 衤 衤 複 複				複雜(복잡), 複數(복수)
本 근본 본	本	一 十 才 木 本				本性(본성), 本質(본질), 根本(근본)
奉 받들 봉	奉	一 二 三 丰 夫 表 寿 奉				奉命(봉명), 奉仕(봉사), 奉養(봉양)
夫 지아비 부	夫	一 二 ナ 夫				夫婦(부부), 人夫(인부), 匹夫(필부)
父 아버지 부	父	ﾉ ﾉ ハ 父				父母(부모), 父子(부자), 嚴父(엄부)
富 부자 부	富	丶 丶 宀 宀 宁 宫 富 富 富 富				富者(부자), 巨富(거부), 豐富(풍부)

部 거느릴, 떼 부	部	`丶 亠 亠 产 产 咅 咅 咅 部 部`	部族(부족), 部分(부분), 部下(부하)
婦 지어미 부	婦	`く 夂 女 女７ 妒 妒 婷 婷 婦 婦`	賢婦(현부), 婦女子(부녀자)
否 아닐 부	否	`一 フ プ 不 不 否 否`	否決(부결), 否認(부인), 可否(가부)
府 마을, 관청 부	府	`丶 亠 广 广 庁 府 府 府`	府尹(부윤), 政府(정부)
負 짐질 부	負	`丿 ク ケ 乌 乌 負 負 負`	負擔(부담), 負債(부채)
副 버금 부	副	`一 一 一 戸 戸 戸 吊 畐 畐 副`	正副(정부), 副次(부차)
北 북녘 북 / 패할 배	北	`丨 ᅡ ᅪ 北 北`	北極(북극), 北向(북향), 敗北(패배)
分 나눌, 분명할 분	分	`丿 八 分 分`	分數(분수), 大義名分(대의명분)

粉 가루, 분 **분**	粉								`ヽ ヾ ゞ 半 米 米 ポ 粉 粉`	粉末(분말), 粉匣(분갑)

憤 분할 **분**	憤								`忄 忙 忙 忙 忄 忄 惛 憤 憤`	憤怒(분노), 義憤(의분)

不 아닐 **불**	不								`一 フ 不 不`	不可(불가), 不利(불리), 不動(부동)

佛 부처 **불**	佛								`ノ 亻 亻 伫 佛 佛 佛`	佛敎(불교), 佛寺(불사), 成佛(성불)

比 견줄 **비**	比								`一 ヒ ヒ 比`	比等(비등), 比例(비례), 對比(대비)

非 아닐,나무랄 **비**	非								`ノ 刂 扌 非 非 非 非`	非難(비난), 非凡(비범), 非常(비상)

悲 슬플 **비**	悲								`ノ 刂 扌 非 非 非 悲 悲 悲`	悲觀(비관), 悲哀(비애), 喜悲(희비)

飛 날 **비**	飛								`乙 飞 飞 飞 飞 飛 飛 飛 飛`	飛鳥(비조), 飛行(비행), 飛虎(비호)

한자	쓰기	필순	단어
鼻 (코 비)	鼻	′ ′ ″ 自 自 鼻 鼻 曻 鼻 鼻	鼻音(비음), 鼻笑(비소), 鼻祖(비조)
備 (갖출 비)	備	亻 亻 亻 伌 伂 俌 俌 備 備	守備(수비), 有備無患(유비무환)
批 (비평할 비)	批	一 十 扌 扌 批 批 批	批評(비평), 批判(비판)
碑 (비석 비)	碑	一 ア 石 石 矿 矿 碑 碑 碑	碑石(비석), 碑銘(비명)
祕 (숨길 비)	祕　　　　　秘	一 二 丁 亓 示 礻 礽 祕 祕 祕	祕密(비밀), 神祕(신비)
費 (소비할 비)	費	一 ユ 弓 弗 弗 弗 費 費 費	浪費(낭비), 費用(비용)
貧 (가난할 빈)	貧	丶 八 亼 分 分 谷 貧 貧 貧	貧困(빈곤), 貧寒(빈한), 貧血(빈혈)
氷 (얼, 얼음 빙)	氷	丿 冫 冫 氺 氷	氷山(빙산), 氷河(빙하), 結氷(결빙)

四	四						
넉 사	丨 冂 冂 四 四				四面(사면), 四海同胞(사해동포)		
士	士						
선비, 무사 사	一 十 士				士氣(사기), 士大夫(사대부)		
仕	仕						
섬길, 벼슬 사	丿 亻 亻 什 仕				出仕(출사), 奉仕(봉사), 致仕(치사)		
寺	寺						
절 사	一 十 土 生 寺 寺				寺院(사원), 寺田(사전), 本寺(본사)		
史	史						
역사 사	丨 口 口 史 史				史家(사가), 史官(사관), 歷史(역사)		
使	使						
부릴, 사신 사	丿 亻 亻 亻 伵 伂 伊 使 使						
舍	舍						
집 사	丿 人 人 스 수 余 舍 舍				舍宅(사택), 校舍(교사), 官舍(관사)		
射	射						
쏠 사	丿 丨 冂 白 自 身 身 身 射 射				射殺(사살), 射手(사수), 注射(주사)		

謝 사례할 사	謝							`丶亠宀言言言訂訃謝謝謝`	謝過(사과), 謝絶(사절), 感謝(감사)
師 스승 사	師							`′亻𠂆𠂆𠂆自𠂤𠂤師師`	恩師(은사), 師弟(사제), 敎師(교사)
死 죽을 사	死							`一ㄏ歹歹死死`	死亡(사망), 死因(사인), 病死(병사)
私 사사로울 사	私							`′二千千禾禾私私`	私立(사립), 私情(사정), 公私(공사)
絲 실 사	絲							`′幺幺幺糸糸絟絟絲絲`	綿絲(면사), 毛絲(모사), 鐵絲(철사)
思 생각 사	思							`丨冂冂田田田思思思`	思考(사고), 思想(사상), 意思(의사)
事 일 사	事							`一一一一一一一一事`	事務(사무), 事物(사물), 行事(행사)
社 모일 사	社							`一二亍示示示社社`	社會(사회), 社稷(사직)

查 조사할 사	査	一 十 ナ 木 木 杏 杏 査 査	査察(사찰), 査丈(사장)
寫 베낄 사	寫	宀 宀 宀 宀 宀 宀 宀 宀 宂 宂 寫 寫	寫本(사본), 寫生(사생)	写
辭 말씀 사	辭	丶 丷 爫 罒 昌 周 爵 爵 辭 辭	辭書(사서), 辭表(사표)	辞
山 메 산	山	丨 山 山	山所(산소), 山野(산야), 名山(명산)
産 낳을 산	産	一 十 オ 立 产 产 产 産 産	産母(산모), 産物(산물), 生産(생산)
散 흩어질 산	散	一 卄 廾 艹 芇 甘 昔 昔 散 散	散步(산보), 閑散(한산), 解散(해산)
算 셈놓을 산	算	丿 ㇒ ⺮ ⺮ 竹 笪 笪 算 算	算數(산수), 暗算(암산), 計算(계산)
殺 죽일 살 덜 쇄	殺	丿 乂 メ 亍 予 禾 弁 杀 殺 殺	殺傷(살상), 相殺(상쇄), 殺到(쇄도)	殺

三 석 삼	三							
	一 二 三						三軍(삼군), 三冬(삼동), 再三(재삼)	

上 위 상	上							
	丨 卜 上						上陸(상륙), 上下(상하), 上京(상경)	

常 항상, 범상 상	常							
	丶 丷 丷 尚 尚 尚 尚 常 常 常						常設(상설), 常識(상식), 非常(비상)	

賞 상줄 상	賞							
	丶 丷 丷 尚 尚 尚 嘗 賞 賞						賞金(상금), 賞品(상품), 受賞(수상)	

商 장사 상	商							
	一 二 亠 亡 产 产 商 商 商 商						商街(상가), 商工(상공), 通商(통상)	

相 서로 상	相							
	一 十 才 木 朳 机 相 相 相						相對(상대), 相面(상면), 相續(상속)	

想 생각할 상	想							
	十 木 朳 机 相 相 相 想 想 想						想念(상념), 思想(사상), 感想(감상)	

傷 상할 상	傷							
	亻 亻 仁 作 作 作 停 傷 傷 傷						傷心(상심), 死傷(사상), 輕傷(경상)	

床 평상 상	床	` ㆍ 广 广 庄 床 床`				平床(평상), 病床(병상)
象 코끼리 상	象	`ㄱ ㄲ 缶 色 多 多 身 身 象 象`				象牙(상아), 形象(형상)
狀 문서 장 / 형상 상	狀	`ㅣ ㅑ ㅕ ㅖ ㅕ ㅕㅏ 狀 狀`			狀	賞狀(상장), 形狀(형상)
色 빛깔 색	色	`ㆍ ㄱ ㄲ 缶 缶 色`				色感(색감), 色相(색상), 靑色(청색)
生 날, 살 생	生	`ㆍ ㅗ 느 牛 生`				生産(생산), 生活(생활), 出生(출생)
西 서녘 서	西	`一 丆 冂 币 西 西`				西方(서방), 西洋(서양), 東西(동서)
序 차례 서	序	`ㆍ 广 广 庐 庐 序 序`				序文(서문), 序列(서열), 順序(순서)
書 글 서	書	`フ ㄱ ㅋ 申 串 書 書 書 書 書`				書記(서기), 書冊(서책), 書畵(서화)

한자	쓰기	필순	단어
石 돌 석	石	一ブイ石石	石工(석공), 石筆(석필), 金石(금석)
夕 저녁 석	夕	ノクタ	夕陽(석양), 一朝一夕(일조일석)
席 자리 석	席	丶亠广户产产庐席席	席順(석순), 席次(석차), 座席(좌석)
先 먼저 선	先	ノ丿生牛先	先頭(선두), 先着(선착), 先手(선수)
仙 신선 선	仙	ノ亻仉仙仙	仙家(선가), 仙女(선녀), 神仙(신선)
線 실, 줄 선	線	幺幺糸糹紡絈線線	路線(노선), 視線(시선), 電線(전선)
鮮 고을 선	鮮	夕夕刍刍角角魚魚鮮鮮	鮮明(선명), 鮮血(선혈), 新鮮(신선)
善 착할 선	善	丶丷并兰羊羊盖善	善惡(선악), 善男善女(선남선녀)

漢字	쓰기	筆順	예
船 (배 선)	船	丿 亻 丫 凢 月 舟 舟 舮 舩 船	船長(선장), 難破船(난파선)
選 (가릴 선)	選	𠃍 ㇇ 巴 罒 罒 巽 巽 巽 選 選	選擧(선거), 選定(선정), 入選(입선)
宣 (베풀 선)	宣	丶 丶 宀 宀 宁 宇 官 官 宣	宣傳(선전), 宣布(선포)
雪 (눈 설)	雪	一 𠂇 亠 丆 雨 雨 雪 雪 雪	雪景(설경), 雪寒風(설한풍)
說 (말씀 설, 달랠 세)	說	丶 一 亠 言 言 言 訁 說 說 說	說明(설명), 力說(역설), 遊說(유세)
設 (베풀 설)	設	丶 一 亠 言 言 言 訁 設 設 設	設計(설계), 設立(설립), 建設(건설)
舌 (혀 설)	舌	丿 一 千 千 舌 舌	舌音(설음), 筆舌(필설)
姓 (성, 겨레 성)	姓	𡿨 夕 女 女 姓 姓 姓	姓名(성명), 姓氏(성씨), 百姓(백성)

한자	쓰기	획순	단어
性 (성품 성)	性	丶 丨 忄 忄 忄 忴 性 性	性格(성격), 性情(성정), 野性(야성)
成 (이룰 성)	成	丿 厂 厂 厅 成 成 成	成功(성공), 成立(성립), 達成(달성)
城 (성 성)	城	一 十 土 圤 圤 圤 坊 城 城 城	城主(성주), 城門(성문), 山城(산성)
誠 (정성 성)	誠	丶 亠 言 言 訂 訂 訢 誠 誠 誠	誠實(성실), 誠意(성의), 至誠(지성)
盛 (성할 성)	盛	丿 厂 厂 厅 成 成 成 成 盛 盛	盛大(성대), 盛昌(성창), 全盛(전성)
省 (살필 성/덜 생)	省	丿 丨 小 少 少 省 省 省 省	省察(성찰), 省略(생략), 反省(반성)
星 (별 성)	星	丨 冂 冂 日 旦 早 早 星 星	星辰(성신), 星霜(성상), 恒星(항성)
聖 (성인 성)	聖	一 丆 丆 耳 耳 耵 聖 聖 聖	聖人(성인), 聖賢(성현), 神聖(신성)

聲 소리 성	聲					声
	一十士𠮷𠮷吉声殸聲				聲量(성량), 聲樂(성악), 音聲(음성)	
世 세상 세	世					击
	一十卄丗世				世上(세상), 世代(세대), 末世(말세)	
洗 씻을 세	洗					
	丶冫氵汀汧浂浂洗				洗禮(세례), 洗面(세면), 洗水(세수)	
稅 세금 세	稅					
	丿一千千禾禾𥝢𥝢秒稅稅				稅關(세관), 稅金(세금), 稅務(세무)	
細 가늘 세	細					
	𠃋𠃋𠃋糹糹糸紉細細細				細心(세심), 細雨(세우), 子細(자세)	
勢 형세, 세력 세	勢					
	一十士𠂉𠂤𠂤執執勢勢				情勢(정세), 權門勢家(권문세가)	
歲 해, 나이 세	歲					
	𠂉𠂉𠂉𠂉𠂉𠂉𠂉歲歲歲				歲暮(세모), 歲月(세월), 年歲(연세)	
小 작을 소	小					
	亅小小				小心(소심), 小兒(소아), 大小(대소)	

少 적을, 젊을 소	少					
	ㅣ ㅗ 小 少				少年(소년), 少量(소량), 減少(감소)	

所 (~하는)바 소	所					
	` ㄱ ㅌ ㅌ ㅌ' 所 所 所				所感(소감), 所見(소견), 場所(장소)	

消 사라질, 녹을 소	消					
	` ` 氵 氵 氵 沙 泸 消 消 消				消火(소화), 消失(소실), 消化(소화)	

素 흴, 본디 소	素					
	一 十 丰 主 丰 耂 耂 素 素 素				素服(소복), 素質(소질), 元素(원소)	

笑 웃음 소	笑					
	ノ ト ⺮ ⺮ ⺮ 竹 竺 笁 笑 笑				笑顔(소안), 破顔大笑(파안대소)	

掃 쓸 소	掃					
	一 十 扌 扌' 扌彐 扌彐 扌帚 掃 掃				掃除(소제), 淸掃(청소)	

俗 풍속 속	俗					
	ノ 亻 亻' 亻'' 亻父 俗 俗 俗				民俗(민속), 美風良俗(미풍양속)	

速 빠를 속	速					
	一 ㄱ ㅠ 日 束 束 束 涑 速				速度(속도), 速讀(속독), 急速(급속)	

續 이을 속	續						続
	幺 糸 紆 紞 綸 綸 綸 繪 繪 續					續出(속출), 續篇(속편), 連續(연속)	

束 묶을 속	束						
	一 ㄧ 冂 ㅁ 申 束 束					拘束(구속), 約束(약속)	

屬 붙을,무리 속	屬						属
	「 ㄱ 丆 尸 尸 屌 屬 屬 屬 屬					附屬(부속), 等屬(등속)	

孫 손자 손	孫						
	ㄱ 了 孑 孑 孑 孫 孫 孫 孫					後孫(후손), 子子孫孫(자자손손)	

損 덜, 상할 손	損						
	一 扌 扩 捐 捐 捐 捐 捐 損 損					損益(손익), 損傷(손상)	

松 소나무 송	松						
	一 十 才 木 朩 松 松 松					松林(송림), 松竹(송죽), 老松(노송)	

送 보낼 송	送						
	丶 丷 厸 䒑 关 关 癶 送 送					送別(송별), 送舊迎新(송구영신)	

頌 칭송할 송	頌						
	丶 丷 公 公 公 公 頌 頌 頌					稱頌(칭송), 頌德(송덕)	

水 물 수	水						
	」 丁 才 水					水力(수력), 水銀(수은), 湖水(호수)	
數 헤아릴 수	數						数
	口 日 吕 甚 婁 婁 婁 數 數 數					數學(수학), 運數(운수), 數萬(수만)	
修 닦을, 고칠 수	修						
	ノ 亻 亻 亻 伫 化 攸 修 修					修理(수리), 修學(수학), 改修(개수)	
秀 빼어날 수	秀						
	一 二 千 千 禾 秀 秀					秀麗(수려), 秀才(수재), 優秀(우수)	
手 손 수	手						
	一 二 三 手					手記(수기), 手足(수족), 名手(명수)	
受 받을 수	受						
	一 一 一 一 一 严 受 受					受賞(수상), 傳受(전수), 接受(접수)	
授 줄 수	授						
	一 ナ 扌 扌 扩 护 护 抨 授 授					授業(수업), 授與(수여), 敎授(교수)	
首 머리 수	首						
	ヽ ゝ 丷 ナ 广 首 首 首					首席(수석), 首位(수위), 首領(수령)	

守 지킬 수	守					
	丶丶宀宀守守				守備(수비), 守節(수절), 郡守(군수)	
收 거둘 수	收					
	丨乚丩丩收收				收益(수익), 收入(수입), 秋收(추수)	
樹 나무 수	樹					
	木木村村桔桔桔樹樹				樹林(수림), 樹立(수립), 樹木(수목)	
叔 아재비 숙	叔					
	丨卜上十才未叔叔				叔父(숙부), 堂叔(당숙), 外叔(외숙)	
宿 잘, 별이름 숙	宿					
	丶丶宀宀宀宀宿宿宿				宿命(숙명), 宿食(숙식), 星宿(성수)	
肅 엄숙할 숙	肅					肅
	一コ尹尹尹肀肀肃肅				嚴肅(엄숙), 自肅(자숙)	
順 순할, 차례 순	順					
	丿丿丿川川川順順順順				順序(순서), 順從(순종), 溫順(온순)	
純 순수할 순	純					
	乚幺幺幺糸糸紅紅純純				純潔(순결), 純情(순정), 純眞(순진)	

術 재주, 꾀 술	術					ノ ノ 彳 彳 仆 朮 秫 術 術 術	技術(기술), 術策(술책)
崇 높일, 높을 숭	崇					' 山 屮 屮 屮 岩 崇 崇 崇	崇高(숭고), 崇拜(숭배), 崇尙(숭상)
習 익힐 습	習					ㄱ ㄱ ㅋ ㅋㄱ ㅋㅋ ㅋㅋ ㅋㅋ 習 習	習得(습득), 習性(습성), 學習(학습)
承 이을 승	承					ㄱ 了 孑 孑 承 承 承 承	承服(승복), 繼承(계승), 承認(승인)
勝 이길 승	勝					ノ 刀 月 月 月' 肝 朕 勝 勝 勝	勝利(승리), 不戰勝(부전승)
市 저자, 도시 시	市					一 亠 亣 市 市	市街(시가), 市場(시장), 都市(도시)
示 보일 시	示					一 二 亓 示 示	示威(시위), 明示(명시), 指示(지시)
是 옳을, 이 시	是					一 ㅁ 日 日 旦 루 루 是 是	是非(시비), 是認(시인), 是正(시정)

漢字	筆順	例
時 (때 시)	丨 冂 冃 日 日⁻ 旷 旷 昨 時 時	時間(시간), 時計(시계), 同時(동시)
詩 (시 시)	丶 亠 言 言 計 計 詩 詩 詩	詩歌(시가), 詩經(시경), 詩人(시인)
視 (볼 시)	一 二 亍 亓 和 初 祀 視 視	視力(시력), 視野(시야), 注視(주시)
施 (베풀 시)	丶 亠 方 方 扩 扩 扩 施 施	施設(시설), 施行(시행), 實施(실시)
試 (시험할 시)	丶 亠 言 言 言 計 試 試 試	試驗(시험), 考試(고시), 入試(입시)
始 (비로소 시)	乀 夕 女 女 女 始 始 始	始作(시작), 始祖(시조), 開始(개시)
食 (먹을, 음식 식)	丿 人 人 今 今 숨 食 食 食	食客(식객), 食用(식용), 飮食(음식)
式 (법, 꼴 식)	一 二 〒 工 式 式	式場(식장), 公式(공식), 形式(형식)

植 심을 식	植	一十才 木 杧 柿 枯 枯 植 植				植木(식목), 植物(식물), 移植(이식)
識 알 식/기록할 지	識	㇉ ㇉ 言 言 詁 許 諳 識 識 識				識別(식별), 知識(지식), 標識(표지)
息 숨쉴, 자식 식	息	ノ 亻 冂 甶 自 自 息 息 息				歎息(탄식), 息止(식지)
身 몸 신	身	ノ 亻 冂 勹 自 身 身				身分(신분), 身體(신체), 心身(심신)
申 아뢸 신	申	丨 冂 冂 日 申				申告(신고), 申請(신청), 上申(상신)
神 귀신 신	神				神	神靈(신령), 神仙(신선), 精神(정신)
		一 亍 亓 亓 示 示 利 和 神 神				
臣 신하 신	臣	丨 匚 匚 臣 臣 臣 臣				臣下(신하), 君臣(군신), 忠臣(충신)
信 믿을 신	信	ノ 亻 亻 亻 信 信 信 信				信念(신념), 信用(신용), 電信(전신)

新 새 신	新						
	亠 亣 立 产 辛 亲 新 新 新			新作(신작), 溫故知新(온고지신)			
失 잃을 실	失						
	ノ ┘ 匕 失 失			失禮(실례), 失望(실망), 過失(과실)			
室 집, 아내 실	室						
	丶 宀 宀 宁 宏 宏 室 室			室內(실내), 敎室(교실), 正室(정실)			
實 열매 실	實					実	
	丶 宀 宀 宁 宁 宏 寍 實 實 實			實果(실과), 實行(실행), 眞實(진실)			
心 마음 심	心						
	丶 心 心 心			心血(심혈), 愛鄕心(애향심)			
深 깊을 심	深						
	氵 氵 氵 沪 泙 泙 泙 洰 深 深			深夜(심야), 深海(심해), 水深(수심)			
十 열 십	十						
	一 十			數十(수십), 十中八九(십중팔구)			
氏 씨 씨	氏						
	ノ ㄈ 氏 氏			氏族(씨족), 姓氏(성씨), 金氏(김씨)			

兒	兒						兒
아이 아	ノ ⺊ ⺍ ⺍⼻ ⺍⺕ ⺍ヨ 臼 兒					兒童(아동), 幼兒(유아), 育兒(육아)	

惡	惡						悪
악할 악 미워할 오	一 ㄒ ㄒ 币 亞 亞 亞 亞 惡 惡					惡人(악인), 惡寒(오한), 善惡(선악)	

安	安						
편안할 안	⺌ ⺌ 宀 宊 安 安					安否(안부), 安全(안전), 治安(치안)	

案	案						
눈 안	⺌ 宀 宊 安 安 安 案 案 案					圖案(도안), 案席(안석), 考案(고안)	

眼	眼						
책상, 안건 안	丨 冂 月 目 目⼄ 目ㄱ 目ㅋ 眃 眼 眼					眼目(안목), 眼前(안전), 着眼(착안)	

暗	暗						
어두울 암	日 日′ 日⼧ 日ㅑ 旿 晤 暗 暗 暗					暗記(암기), 暗行(암행), 明暗(명암)	

壓	壓						圧
누를 압	厂 厃 厈 厭 厭 厭 厭 厭 壓					壓倒(압도), 壓力(압력)	

愛	愛						
사랑 애	ノ ⺍ ⺍ ⺥ ⺥ 惡 惡 愛 愛 愛					愛國(애국), 愛情(애정), 親愛(친애)	

額 이마,수량 액	額						
	丶 宀 宀 宀 安 客 客 額 額 額				額數(액수), 總額(총액)		
液 진 액	液						
	丶 氵 氵 氵 沪 沪 沪 液 液 液				液體(액체) 血液型(혈액형)		
夜 밤 야	夜						
	丶 亠 亠 广 亦 夜 夜 夜				夜間(야간), 深夜(심야), 晝夜(주야)		
野 들 야	野						
	丨 冂 日 甲 甲 里 野 野 野 野				野談(야담), 野人(야인), 平野(평야)		
弱 약할,어릴 약	弱						
	一 ㄱ 弓 弓 㺯 㺯 㺯 弱 弱 弱				弱者(약자), 强弱(강약), 弱勢(약세)		
約 맺을,검소할 약	約						
	丶 幺 幺 幺 糸 糸 糸 約 約				約婚(약혼), 約定(약정), 節約(절약)		
藥 약 약	藥						薬
	一 艹 艹 芍 苜 苜 茜 藥 藥 藥				藥物(약물), 藥草(약초), 漢藥(한약)		
羊 양 양	羊						
	丶 丷 丷 兰 兰 羊				羊毛(양모), 羊皮(양피), 羊肉(양육)		

洋 큰바다 양	洋	`丶 氵 氵 氵 浐 浐 泮 洋 洋`	洋式(양식), 西洋(서양), 大洋(대양)
養 기를 양	養	`丷 ᠵ 羊 羊 美 養 養 養 養`	養成(양성), 養育(양육), 敎養(교양)
陽 볕 양	陽	`ⴰ 阝 阝 阝' 阳 阴 阴 阳 陽 陽`	陽性(양성), 陽地(양지), 夕陽(석양)
樣 모양 양	樣 　　　　　　　　　樣	`木 术 术 样 様 様 様 様 様`	樣式(양식), 每樣(매양)
魚 고기 어	魚	`' 夕 夕 夕 夕 角 角 魚 魚 魚`	魚物(어물), 魚族(어족), 養魚(양어)
漁 고기잡을 어	漁	`氵 氵 氵 氵 氵 渔 渔 渔 漁 漁`	漁夫(어부), 漁夫之利(어부지리)
語 말할, 말 어	語	`亠 言 言 言 言 訁 訒 語 語`	語調(어조), 語族(어족), 言語(언어)
億 헤아릴, 억 억	億	`亻 亻 伫 俨 佇 倍 倍 億 億`	億年(억년), 億測(억측), 億兆(억조)

言	言	、 亠 亠 宀 言 言 言					言論(언론), 言明(언명), 言約(언약)
말씀 언							
嚴	嚴	、 ''' '''' 严 严 严 严 嚴 嚴					嚴格(엄격), 嚴親(엄친), 威嚴(위엄)
엄할 엄							
業	業	' '' ''' 业 业 丵 丵 業					業務(업무), 自業自得(자업자득)
일, 학업 업							
如	如	く タ 女 如 如 如					如前(여전), 何如間(하여간)
같을 여							
與	與	' ⺊ ⺍ ⺍⺍ 臼 臼 舁 舁 與 與					與件(여건), 參與(참여), 關與(관여)
더불 여							
餘	餘	ノ 人 今 今 食 食 飠 飠 飠 餘 餘					餘分(여분), 餘地(여지), 餘白(여백)
남을 여							
易	易	一 冂 冂 日 日 月 易 易					交易(교역), 貿易(무역), 難易(난이)
바꿀 역 쉬울 이							
逆	逆	、 '' ⺍ 屰 屰 逆 逆 逆					逆說(역설), 逆行(역행), 反逆(반역)
거스를 역							

域	域							
지경 역	一十十圢坷坷域域域				異域(이역), 區域(구역)			
然	然							
그러할 연	ノクタタタ夕外然然然然				然而(연이), 當然(당연), 自然(자연)			
煙	煙							
연기 연	丶丶火灯炉炉炬烟煙煙				禁煙(금연), 愛煙家(애연가)			
研	硏						硏	
갈, 궁구할 연	一ア丆石石石汧研研				研究(연구), 研武(연무), 研修(연수)			
延	延							
끝, 이을 연	一イチ千正延延延				延期(연기), 延命(연명)			
燃	燃							
불탈 연	丶丶火炒炒炒燃燃燃				燃料(연료), 燃燒(연소)			
鉛	鉛							
납, 분 연	人스牟余金針釦鉛鉛				鉛版(연판), 鉛粉(연분)			
演	演							
설명할 연	氵氵汀沪沪浐浐演演演				演說(연설), 演習(연습)			

縁	縁							
인연 연	糸 糺 紀 紀 紓 紓 絽 緣 緣 緣　　緣分(연분), 緣邊(연변)							

熱	熱							
더울 열	十 土 夫 去 坴 幸 刲 刲 埶 埶 熱　　熱氣(열기), 熱誠(열성), 身熱(신열)							

葉	葉							
잎사귀 엽	丨 十 丷 艹 苎 苹 莅 萨 葉　　葉錢(엽전), 葉草(엽초), 落葉(낙엽)							

永	永							
길 영	丶 亅 丆 永 永　　永久(영구), 永遠(영원), 永生(영생)							

英	英							
꽃부리 영	丨 十 卄 艹 莎 茊 英 英　　英雄(영웅), 英才(영재), 英語(영어)							

榮	榮							
영화 영	丶 丷 火 炏 炏 炏 榮 榮 榮　　榮光(영광), 榮華(영화), 繁榮(번영)							

迎	迎							
맞을 영	丶 亻 白 卬 卬 迎 迎　　送迎(송영), 迎接(영접), 歡迎(환영)							

營	營							營
경영할 영	丶 丷 火 炏 炏 炏 營 營 營　　營業(영업), 兵營(병영)							

映 비칠 영	映						芸
	丨 冂 冃 日 日' 旷 旷 映 映					映畫(영화), 反映(반영)	

藝 재주 예	藝						芸
	艹 艺 芸 蓺 蓺 蓺 蓺 藝 藝 藝					藝能(예능), 藝術(예술), 手藝(수예)	

豫 미리 예	豫						予
	乛 予 予 犷 豽 豫 豫 豫 豫 豫					豫防(예방), 豫備(예비)	

五 다섯 오	五						
	一 丁 五 五					五穀(오곡), 五官(오관), 五色(오색)	

午 낮 오	午						
	丿 一 午 午					午前(오전), 正午(정오), 下午(하오)	

誤 그르칠 오	誤						
	丶 亠 言 訁 訊 誤 誤 誤 誤 誤					誤記(오기), 誤解(오해), 正誤(정오)	

玉 구슬 옥	玉						
	一 丁 干 王 玉					玉石(옥석), 玉手(옥수), 玉篇(옥편)	

屋 집 옥	屋						
	㇕ 二 尸 尸 戽 屈 屋 屋 屋					屋上(옥상), 屋外(옥외), 家屋(가옥)	

한자	쓰기	필순	단어
溫 따뜻할 온	溫	冫冫冫冫冫冫冫冫冫冫冫冫溫溫	溫氣(온기), 溫泉(온천), 溫和(온화)
完 완전할 완	完	丶丶宀宁宇完	完決(완결), 完快(완쾌), 完全(완전)
王 임금 왕	王	一丁干王	王家(왕가), 王室(왕실), 君王(군왕)
往 갈 왕	往	丿彳彳彳彳往往往	往來(왕래), 往生極樂(왕생극락)
外 바깥 외	外	丿ク夕列外	外國(외국), 外出(외출), 除外(제외)
要 요긴할 요	要	一丆丙丙西西要要要	要求(요구), 要請(요청), 必要(필요)
謠 노래 요	謠　　　　　　　　　　　謠	言言言訁訁訁詳詳謠謠	童謠(동요), 民謠(민요)
曜 빛날 요	曜	丨冂日日日日日曜曜曜	曜日(요일), 曜曜(요요), 七曜(칠요)

浴 목욕 욕	浴	`、 ; ; ; ; ; 氵 浴 浴 浴`	浴室(욕실), 海水浴(해수욕)
用 쓸 용	用	`) 刀 月 月 用`	用度(용도), 用務(용무), 使用(사용)
勇 날랠 용	勇	`フ マ マ 丒 丏 丙 甬 勇 勇`	勇氣(용기), 武勇談(무용담)
容 얼굴 용	容	`、 丶 宀 宀 宀 宀 宓 突 容 容`	容量(용량), 容易(용이), 內容(내용)
右 오른쪽 우	右	`ノ ナ ナ 右 右`	右手(우수), 右便(우편), 左右(좌우)
牛 소 우	牛	`ノ ノ 二 牛`	牛馬(우마), 牛車(우차), 牛乳(우유)
友 벗 우	友	`一 ナ 方 友`	友愛(우애), 友情(우정), 親友(친우)
雨 비 우	雨	`一 丆 冂 币 币 雨 雨 雨`	雨期(우기), 雨中(우중), 暴雨(폭우)

遇 만날 우	遇	丨 冂 冃 日 咢 禺 禺 遇 遇 遇	待遇(대우), 千載一遇(천재일우)
郵 우편 우	郵	一 二 三 三 千 丘 垂 垂 郵 郵	郵便(우편), 郵送(우송)
優 뛰어날 우	優	亻 亻 个 价 倡 偱 傻 偓 傻 優	優雅(우아), 優劣(우열)
雲 구름 운	雲	一 厂 厂 币 币 乕 雩 雲 雲 雲	雲集(운집), 雲海(운해), 靑雲(청운)
運 운전할 운	運	一 冂 冂 冃 冃 目 盲 軍 軍 運 運	運動(운동), 運轉(운전), 運行(운행)
雄 굳셀, 수컷 웅	雄	一 ナ 左 広 広 広 広 広 雄 雄	雄大(웅대), 雄壯(웅장), 英雄(영웅)
元 으뜸, 근원 원	元	一 二 于 元	元年(원년), 元來(원래), 元素(원소)
原 근원, 들판 원	原	一 厂 厂 厂 厉 原 盾 盾 原 原 原	原本(원본), 原始(원시), 原初(원초)

願	願						
원할 원	一 厂 厂 盾 原 原 原 願 願 願					願望(원망), 願書(원서), 所願(소원)	

遠	遠						
멀 원	一 十 土 吉 吉 吉 袁 袁 遠 遠					遠路(원로), 遠洋(원양), 深遠(심원)	

園	園						
구역, 동산 원	冂 冂 冂 門 周 周 周 園 園 園					園藝(원예), 庭園(정원), 學園(학원)	

怨	怨						
원망할 원	丿 夕 夕 夕 夗 夗 怨 怨 怨					怨望(원망), 怨恨(원한), 宿怨(숙원)	

圓	圓						
둥글 원	冂 冂 冂 周 周 周 圓 圓 圓					圓心(원심), 圓舞(원무), 圓滿(원만)	

員	員						
관원, 인원 원	丶 冂 冂 冂 円 冃 冐 員 員					官員(관원), 人員(인원)	

源	源						
근원 원	丶 冫 氵 沪 沪 沪 沪 沪 源 源					源泉(원천), 根源(근원)	

援	援						
도울 원	一 十 扌 扌 扩 护 护 捋 援 援					援助(원조), 救援(구원)	

院 집 원	院	｀ ３ ３ ｐ ｐˋ ｐˋ 阝 阝 阡 阼 院 院	院內(원내), 病院(병원)
月 달 월	月	ｊ 刀 月 月	月光(월광), 月末(월말), 明月(명월)
位 벼슬, 자리 위	位	ｊ ｲ ｲ ｲˊ ｲˊ ｲˊ 位 位	在位(재위), 王位(왕위), 單位(단위)
危 위태할 위	危	ｊ ｊˊ ｸ 卢 乒 危	危急(위급), 危害(위해), 危險(위험)
爲 할, 될 위	爲	｀ ｀ ｀ˊ ｀ˋ ｀ｖ 户 户 户 爲 爲 爲	爲政(위정), 爲國(위국), 人爲(인위)
偉 클, 위대할 위	偉	ｲ ｲˊ ｲˊ 伃 伃 伟 偉 偉 偉	偉大(위대), 偉業(위업), 偉人(위인)
威 위엄, 세력 위	威	ｊ 厂 厂 反 反 反 威 威 威	威力(위력), 威嚴(위엄), 威信(위신)
圍 둘레 위	圍	冂 冂 冂 閂 閂 閏 圍 圍 圍 圍	範圍(범위), 包圍(포위)

委 맡길 위	委						
	一 二 千 千 禾 季 委 委				委任(위임), 委員(위원)		
衛 호위할 위	衛						
	彳 彳' 彳宀 彳亠 律 律 律 衛 衛				衛生(위생), 防衛(방위)		
慰 위로할 위	慰						
	尸 尸 尸 尽 尉 尉 尉 慰 慰				慰勞(위로), 慰安(위안)		
由 말미암을 유	由						
	丨 口 冂 由 由				由來(유래), 理由(이유), 自由(자유)		
油 기름 유	油						
	丶 冫 氵 沪 沖 油 油				油田(유전), 精油(정유), 香油(향유)		
有 있을 유	有						
	ノ ナ オ 冇 有 有				有能(유능), 有無(유무), 所有(소유)		
遊 놀 유	遊						
	丶 亠 方 方 方' 方仁 斿 斿 游 遊				遊學(유학), 遊說(유세), 外遊(외유)		
遺 끼칠 유	遺						
	口 中 虫 虫 虫 冉 曹 貴 貴 遺 遺				遺産(유산), 遺言(유언), 遺業(유업)		

乳 젖 유	乳					
´ ´ ´ ´⁴ ⁴⁵ 乎 乎 乳		牛乳(우유), 母乳(모유)				

儒 선비,유교 유	儒					
亻 亻 亻² 伊 伊 俨 俨 儒 儒		名儒(명유), 儒學(유학)				

肉 고기, 혈연 육	肉					
丨 冂 內 內 肉 肉		肉聲(육성), 肉食(육식), 肉親(육친)				

育 기를 육	育					
一 ナ 古 产 育 育 育		育兒(육아), 育英(육영), 敎育(교육)				

銀 은 은	銀					
人 스 牟 舍 金 釒 釕 鈤 鈤 銀		銀貨(은화), 銀世界(은세계)				

恩 은혜 은	恩					
丨 冂 冃 冈 肉 因 因 恩 恩 恩		恩德(은덕), 恩惠(은혜), 天恩(천은)				

隱 숨을 은	隱					隱
阝 阝² 阝⁴ 阝⁵ 阝⁸ 隌 隐 隐 隱 隱		音聲(음성), 音樂(음악), 發音(발음)				

音 소리 음	音					
´ ㅗ ㅛ 立 产 产 音 音 音		隱士(은사), 隱身(은신)				

飲 마실 음	飲							
	ノ 𠆢 𠂊 今 今 㐭 㐭 飮 飮 飲				飮食(음식), 飮酒(음주), 飮料(음료)			
陰 그늘 음	陰							
	7 3 阝 阝` 阡 阾 陰 陰 陰				陰性(음성), 陰陽(음양), 綠陰(녹음)			
邑 고을 읍	邑							
	丶 口 口 吊 吊 吊 邑				邑里(읍리), 邑面(읍면), 都邑(도읍)			
應 응할 응	應							応
	丶 亠 广 广 府 府 府 雁 雁 應				應答(응답), 應變(응변), 反應(반응)			
衣 옷 의	衣							
	丶 亠 ナ 亡 㐅 衣				衣服(의복), 衣食住(의식주)			
依 의존할, 좇을 의	依							
	ノ 亻 亻` 个 㐅 依 依 依				依存(의존), 依支(의지), 歸依(귀의)			
義 옳을 의	義							
	丶 丷 䒑 𦍌 𦍌 羊 羊 義 義 義				義擧(의거), 義務(의무), 正義(정의)			
議 의논할 의	議							
	丶 言 言 言` 詳 詳 詳 議 議				議會(의회), 不可思議(불가사의)			

| 醫 의원 의 | 醫 | | | | | | 一 r r 氏 医 医殳 殹 醫 醫 | 醫師(의사), 醫藥(의약), 醫院(의원) |

| 意 뜻 의 | 意 | | | | | | 亠 立 产 产 音 音 音 音 意 意 | 意見(의견), 意味(의미), 敬意(경의) |

| 儀 거동 의 | 儀 | | | | | | 亻 亻' 亻" 俨 伴 佯 俤 儀 儀 儀 | 儀式(의식), 威儀(위의) |

| 疑 의심할 의 | 疑 | | | | | | ⺊ ヒ 㠯 矣 矣 矣 矣 矣 疑 疑 | 疑心(의심), 懷疑(회의) |

| 二 두(둘) 이 | 二 | | | | | | 一 二 | 二分(이분), 二毛作(이모작) |

| 以 ～써 이 | 以 | | | | | | ˋ ㇄ ㇄ 以 以 | 以前(이전), 以心傳心(이심전심) |

| 耳 귀 이 | 耳 | | | | | | 一 丅 丆 F 耳 耳 | 耳目(이목), 耳順(이순), 外耳(외이) |

| 異 다를 이 | 異 | | | | | | 口 吅 円 田 甼 甲 界 畀 異 異 | 異常(이상), 驚異(경이), 異說(이설) |

移 옮길 이	移							
	ノ 二 千 禾 禾 禾 移 移 移 移				移動(이동), 移民(이민), 移住(이주)			
益 더할 익	益							
	ノ 八 ハ ソ 分 台 谷 谷 益 益				有益(유익), 多多益善(다다익선)			
人 사람 인	人							
	ノ 人				人間(인간), 人口(인구), 人生(인생)			
引 당길, 이끌 인	引							
	ᄀ ᄏ 弓 引				引力(인력), 引上(인상), 引用(인용)			
仁 어질 인	仁							
	ノ 亻 仁 仁				仁慈(인자), 仁愛(인애), 仁義(인의)			
因 인할 인	因							
	ㅣ ㄇ 冂 月 因 因				因習(인습), 因緣(인연), 原因(원인)			
認 인정할 인	認							
	、 宀 言 訁 訒 訒 認 認 認 認				認識(인식), 認定(인정), 承認(승인)			
印 찍을, 도장 인	印							
	ノ 亻 E E 印 印				印章(인장), 印象的(인상적)			

한자	쓰기	필순	예시
一 한(하나) 일	一	一	一面(일면), 一生(일생), 單一(단일)
日 해, 날 일	日	丨 冂 冃 日	日氣(일기), 日月(일월), 連日(연일)
任 맡을 임	任	丿 亻 亻 仁 仟 任	任免(임면), 重任(중임)
入 들 입	入	丿 入	入國(입국), 入城(입성), 出入(출입)
子 아들 자	子	㇇ 了 子	子女(자녀), 子息(자식), 君子(군자)
字 글자 자	字	丶 丶 宀 宁 字 字	字解(자해), 字典(자전), 字句(자구)
自 스스로 자	自	丿 丨 冂 甶 自 自	自己(자기), 自動(자동), 自他(자타)
者 사람 자	者	一 十 土 耂 尹 者 者 者	使者(사자), 有力者(유력자)

姉	姉							
누이 자	ㄑ ㄠ 女 女´ 女´´ 妘 姉 姉				姉妹(자매), 姉夫(자부), 姉兄(자형)			
資	資							
재물,천성 자	ー ニ ソ ソ´ ソ´´ 次 咨 資 資				資金(자금), 資質(자질)			
姿	姿							
맵시,성품 자	ー ニ ソ ソ´ ソ´´ 次 姿 姿				姿勢(자세), 姿質(자질)			
作	作							
지을 작	ノ 亻 亻´ 亻´´ 作 作 作				作家(작가), 作成(작성), 始作(시작)			
昨	昨							
어제 작	丨 冂 日 日 日´ 昨 昨 昨 昨				昨今(작금), 再昨年(재작년)			
殘	殘						殘	
남을,모질 잔	ー ア 万 歹 歹´ 殈 殘 殘 殘				殘額(잔액), 殘忍(잔인)			
雜	雜						雜	
섞일 잡	ㆍ ㅗ 亠 六 宋 剎 新 雜 雜				雜音(잡음), 錯雜(착잡)			
長	長							
길 장	丨 冂 下 下 下 長 長 長				長身(장신), 一長一短(일장일단)			

漢字	筆記	筆順	單語
章 (글, 법 장)	章	丶一十十立产产音音章章	文章(문장), 樂章(악장), 章句(장구)
場 (마당 장)	場	一十土圠坦坦坦塌場場	場面(장면), 場所(장소), 市場(시장)
將 (장수, 장차 장)	將	丨丬丬丬丬丬丬將將將	將校(장교), 將軍(장군), 將來(장래)
壯 (장할 장)	壯	丨丬丬丬丬丬壯	壯年(장년), 壯丁(장정), 壯快(장쾌)
張 (베풀 장)	張	丶ㄱ弓弓弘張張張張	擴張(확장), 緊張(긴장)
帳 (휘장 장)	帳	丨冂巾巾帆帳帳帳帳	帳幕(장막), 帳簿(장부)
裝 (꾸밀, 갖출 장)	裝	丨丬丬丬壯壯裝裝裝 裝	裝飾(장식), 裝備(장비)
獎 (권면할 장)	獎	丨丬丬丬丬丬丬將將獎	獎勵(장려), 獎學(장학)

障 막힐 장	障	` ⻖ ⻖ ⻖ ⻖ 阝 陪 陪 陪 障 障	障壁(장벽), 障害(장해)
腸 창자 장	腸	ノ 刂 刂 刂 ''月 刂''月 ''月 ''月 ''月 ''月 ''月 ''月 ''月 腸	斷腸(단장), 腸炎(장염)
才 재주 재	才	一 十 才	才能(재능), 秀才(수재), 英才(영재)
材 재목 재	材	一 十 才 木 木 村 材	材料(재료), 材木(재목), 敎材(교재)
財 재물 재	財	丨 冂 冂 月 目 貝 貝 貝 財 財	財物(재물), 文化財(문화재)
在 두번 재	在	一 ナ 才 右 在 在	存在(존재), 在學生(재학생)
再 두번 재	再	一 丅 冂 而 再 再	再生(재생), 再請(재청), 再考(재고)
災 재앙 재	災	⺀ ⺀⺀ ⺀⺀⺀ ⺀⺀⺀ 巛 災 災	災難(재난), 天災(천재)

爭 다툴 쟁	爭					
	ノ ク ケ ケ ヨ ヨ ヨ 爭				論爭(논쟁), 競爭(경쟁), 戰爭(전쟁)	
貯 쌓을 저	貯					
	丨 冂 目 貝 貝 貝 貯 貯 貯 貯				貯金(저금), 貯蓄(저축), 貯水(저수)	
低 낮을 저	低					
	ノ イ 仁 亿 仟 低 低				低空(저공), 低音(저음), 高低(고저)	
底 밑, 속 저	底					
	丶 亠 广 广 庐 庐 底 底				海底(해저), 徹底(철저)	
的 과녁, 목표 적	的					
	ノ 亻 冂 自 自 自 的 的				的中(적중), 公的(공적), 目的(목적)	
赤 붉을 적	赤					
	一 十 土 チ 赤 赤 赤				赤字(적자), 赤十字(적십자)	
適 맞을 적	適					
	丶 亠 宀 产 卉 商 商 `商 適 適				適合(적합), 適材適所(적재적소)	
敵 원수 적	敵					
	丶 亠 宀 产 产 商 商 商 敵 敵				敵手(적수), 敵對視(적대시)	

한자	쓰기	필순	단어
籍 문서 적	籍	⺮ 笋 笋 笋 笋 筹 籍 籍 籍 籍	籍記(적기), 書籍(서적)
賊 도적 적	賊	丨 冂 目 貝 貝 貯 貯 賊 賊 賊	賊徒(적도), 盜賊(도적)
積 쌓을 적	積	禾 禾 禾 秆 秸 秸 積 積 積	積立(적립), 積極(적극)
績 길쌈, 공 적	績	〻 纟 幺 糸 糽 紝 綪 績 績	紡績(방적), 功績(공적)
田 밭 전	田	丨 冂 冂 用 田	田畓(전답), 田園(전원), 田野(전야)
全 온전할, 온통 전	全	人 入 全 全 全 全	全集(전집), 全體(전체), 安全(안전)
典 법 전	典	丨 冂 冂 丗 曲 曲 典 典	典當(전당), 經典(경전), 辭典(사전)
前 앞 전	前	丶 丷 艹 产 肯 肯 前 前	前進(전진), 前後左右(전후좌우)

한자	쓰기	획순	단어
展 펼, 벌여놓을 전	展	一 コ ヨ 尸 尸 屄 屈 展 展 展	展開(전개), 展示(전시), 展望(전망)
戰 싸움 전	戰	` ´´ ´´´ 吅 甲 単 單 單 戰 戰 戰	戰時(전시), 戰場(전장), 決戰(결전)
電 번개, 전기 전	電	一 宀 宀 币 币 雨 雨 雨 雪 雪 電	電氣(전기), 電線(전선), 電光(전광)
錢 돈 전	錢	人 へ 卒 伞 金 金 釒 鉎 錢 錢 錢	錢穀(전곡), 口錢(구전), 金錢(금전)
傳 전할 전	傳	亻 亻 仁 伯 俥 俥 俥 傳 傳	
專 오로지 전	專	一 一 丌 百 申 申 甫 車 專 專	專攻(전공), 專制(전제)	専
轉 구를 전	轉	車 車 斬 軒 軒 輯 轉 轉 轉	自轉(자전), 轉嫁(전가)	転
節 마디, 때 절	節	ノ ᄼ ᄽ 竹 竹 竹 笁 笁 節 節	節約(절약), 節制(절제), 季節(계절)

絶 끊을,뛰어날 절	絶					
	` ㄠ ㄠ 糸 糸 紀 紹 紹 絡 絶			絶景(절경), 絶望(절망), 絶交(절교)		
折 꺾을 절	折					
	一 扌 扌 扌 扩 扩 折 折			腰折(요절), 折衷(절충)		
切 끊을 절 / 모두 체	切					
	一 七 切 切			切斷(절단), 一切(일체)		
店 가게 점	店					
	` 亠 广 广 庐 庐 店 店			店房(점방), 賣店(매점), 商店(상점)		
占 점 점	占					
	丨 卜 卜 占 占			占卜(점복), 占領(점령)		
點 점, 불켤 점	點					
	冂 冂 曰 甲 里 黑 黑 點 點 點			點線(점선), 點火(점화)		
接 이을 접	接					
	扌 扌 扌 扩 扩 护 护 挓 接 接			接戰(접전), 接續(접속), 直接(직접)		
丁 장정 정	丁					
	一 丁			丁年(정년), 丁酉(정유), 壯丁(장정)		

停 머무를 정	停						
	亻 亻 亻 亻 佇 佇 停 停 停				停年(정년), 停戰(정전), 停止(정지)		
正 바를 정	正						
	一 丁 下 正 正				正道(정도), 正當(정당), 是正(시정)		
政 정사 정	政						
	一 丁 下 下 正 正 正 政 政				政見(정견), 政治(정치), 國政(국정)		
定 정할 정	定						
	` ' 宀 宀 宁 宇 定 定				定立(정립), 定着(정착), 決定(결정)		
精 자세할 정	精						
	` ` 米 米 米 精 精 精 精				精讀(정독), 精密(정밀), 精氣(정기)		
情 뜻 정	情						
	` ` 忄 忄 忄 忄 情 情 情				情熱(정열), 情調(정조), 無情(무정)		
靜 고요할 정	靜						
	一 十 主 青 青 青 靜 靜 靜				靜淑(정숙), 靜寂(정적), 安靜(안정)		
庭 뜰 정	庭						
	` 宀 广 广 庐 庄 庄 庭 庭				庭園(정원), 家庭(가정), 親庭(친정)		

程 법,한도 정	程						
	丿 二 千 千 禾 和 和 和 程 程			程式(정식), 程度(정도)			
整 가지런할 정	整						
	一 申 束 束¹ 敕 敕 敕 整 整 整			整理(정리), 調整(조정)			
弟 아우, 제자 제	弟						
	丶 丷 丛 严 弟 弟 弟			弟子(제자), 師弟間(사제간)			
第 차례 제	第						
	丿 ⺮ ⺮ ⺮ 笃 第 第 第			第一(제일), 及第(급제), 次第(차제)			
祭 제사 제	祭						
	丿 ク タ タ⺁ 奴 奴 叙 祭 祭			祭典(제전), 前夜祭(전야제)			
帝 임금 제	帝						
	丶 亠 产 产 帝 帝 帝			帝國(제국), 帝王(제왕), 皇帝(황제)			
題 제목 제	題						
	日 旦 早 是 是 是 題 題 題			題目(제목), 題材(제재), 問題(문제)			
除 제할 제	除						
	丿 弓 阝 阝 阶 除 除 除 除			除去(제거), 除名(제명), 除夜(제야)			

製 지을 제	製						
ノ ト ヒ 乍 каждой 制 剬 剭 製 製					製作(제작), 製品(제품), 特製(특제)		

提 끌 제	提						
扌 扫 护 护 押 押 押 捍 提 提					提携(제휴), 提示(제시)		

制 억제할 제	制						
ノ ト ヒ 乍 каждой 佈 制 制					統制(통제), 制度(제도)		

際 즈음, 사귈 제	際						
⼁ ⻖ ⻖ 阝 阝 阝 阡 際 際 際					此際(차제), 交際(교제)		

濟 건널 제	濟						済
氵 氵 氵 汣 泲 泲 泲 沛 濟 濟					濟度(제도), 濟世(제세)		

早 일찍 조	早						
⼁ 冂 日 日 旦 早					早起(조기), 早朝(조조), 早春(조춘)		

造 지을 조	造						
ノ ⺍ 屮 生 告 告 告 造 造					造作(조작), 製造(제조), 造形(조형)		

鳥 새 조	鳥						
⼁ 丿 冂 户 户 鸟 鳥 鳥 鳥 鳥					黃鳥(황조), 不死鳥(불사조)		

調 고를 조	調	二 言 訂 訅 訊 調 調 調 調 調	調節(조절), 調和(조화), 順調(순조)
朝 아침, 조정 조	朝	一 十 亠 古 吉 古 卓 朝 朝 朝	朝夕(조석), 朝令暮改(조령모개)
助 도울 조	助	丨 冂 円 月 目 助 助	助成(조성), 內助(내조), 自助(자조)
祖 할아버지 조	祖 {빈칸들} 祖	一 二 丅 示 示 和 祁 袓 祖 祖	祖國(조국), 祖上(조상), 始祖(시조)
操 부릴, 지조 조	操	丨 扌 扌 扩 扩 护 捛 捛 捭 操	操縱(조종), 節操(절조)
條 조목, 가지 조	條 {빈칸들} 条	亻 亻 亻 亻 俨 俗 俗 倐 條	條件(조건), 條理(조리)
潮 조수 조	潮	氵 氵 氵 氵 沽 泏 淖 潮 潮 潮	潮流(조류), 思潮(사조)
組 짤 조	組	ㄥ ㄠ 幺 糸 糸 糹 紆 組 組	組織(조직), 組閣(조각)

足 발 족	足	` 丶 ㄇ ㅁ ㅁ 马 足 足 `	不足(부족), 手足(수족), 充足(충족)
族 겨레 족	族	` 丶 亠 方 ㄌ ㅌ ㅌ ㅌ 旅 族 族 `	貴族(귀족), 家族(가족), 民族(민족)
存 있을 존	存	` 一 ナ 才 右 存 存 `	存續(존속), 存在(존재), 實存(실존)
尊 높을 존	尊	` 丶 丷 亠 汁 酋 酋 酉 酋 尊 尊 `	尊敬(존경), 尊貴(존귀), 尊重(존중)
卒 마칠, 군사 졸	卒	` 丶 亠 亠 六 亣 衣 卒 卒 `	卒兵(졸병), 卒業(졸업), 大卒(대졸)
宗 마루, 가묘 종	宗	` 丶 ㆍ 宀 宀 宗 宗 宗 宗 `	宗家(종가), 宗敎(종교), 大宗(대종)
種 씨 종	種	` 一 千 禾 禾 秆 秆 秆 稻 種 種 `	種族(종족), 種別(종별), 種子(종자)
鐘 쇠북 종	鐘	` 人 스 今 金 金 鋅 鋅 鐘 鐘 鐘 `	鐘閣(종각), 警鐘(경종), 大鐘(대종)

終 마칠 종	終	終							
	` ⺌ ⺌ ⺌ 夂 夂 糸 糸 終 終 終`			終結(종결), 終末(종말), 終身(종신)					

從 좇을 종	從
	`' ⺁ 彳 彳 彳 彴 从 從 從 從`　從事(종사), 服從(복종), 順從(순종)

左 왼쪽 좌	左
	`一 ナ 左 左 左`　左右(좌우), 左議政(좌의정)

座 자리 좌	座
	`' 亠 广 广 广 庐 庐 座 座 座`　座談(좌담), 講座(강좌)

罪 죄, 허물 죄	罪
	`' 冂 冂 罒 罒 罒 罪 罪 罪 罪`　罪惡(죄악), 罪過(죄과), 謝罪(사죄)

主 임금, 주인 주	主
	`' 亠 十 キ 主`　主權(주권), 主人(주인), 君主(군주)

注 물댈 주	注
	`' ⺀ ⺌ 氵 沪 汁 注 注`　注力(주력), 注射(주사), 注入(주입)

住 머무를 주	住
	`' 亻 亻 伫 仹 住 住`　住民(주민), 住所(주소), 居住(거주)

朱 붉을 주	朱	ノ ノ ニ 牛 牛 朱	朱土(주토), 朱紅(주홍), 印朱(인주)
走 달아날 주	走	一 十 土 キ キ 走 走	競走(경주), 走馬看山(주마간산)
酒 술 주	酒	丶 丶 氵 汀 汀 沂 洒 洒 酒 酒	酒店(주점), 酒興(주흥), 藥酒(약주)
晝 낮 주	晝	フ ユ ヨ 肀 聿 書 書 書 書 書	晝間(주간), 晝夜(주야), 白晝(백주) 昼
周 두루,둘레 주	周	ノ 刀 刀 月 用 周 周 周	周到(주도), 周邊(주변)
州 고을 주	州	丶 丿 丬 州 州 州	州郡(주군), 九州(구주)
週 주일 주	週	ノ 刀 刀 月 用 周 周 周 週	週刊(주간) 週期(주기) 週末(주말)
竹 대 죽	竹	ノ ト ケ 竹 竹 竹	竹林(죽림), 竹馬故友(죽마고우)

準 고를,법도 준	準						ラ シ ラ 汁 汁 汁 淮 淮 進 準	準則(준칙), 平準(평준)
中 가운데 중	中						ㅣ ㅁ ㅁ 中	中間(중간), 中立(중립), 的中(적중)
重 무거울 중	重						ノ 一 一 千 台 旨 盲 重 重 重	重臣(중신), 重責(중책), 輕重(경중)
衆 무리 중	衆						ノ ヽ 白 血 血 卑 卑 奔 奔 衆	衆論(중론), 衆意(중의), 民衆(민중)
證 증거 증	證						言 訁 訃 詚 諂 諂 諂 諂 證 證	證書(증서), 證明(증명), 立證(입증)
增 더할 증	增						土 圵 圹 圸 垌 垧 增 增 增 增	增加(증가), 增員(증원), 急增(급증)
支 지탱할 지	支						一 十 步 支	支店(지점), 支柱(지주), 支出(지출)
止 그칠 지	止						丨 ㅏ ㅏ 止	止揚(지양), 禁止(금지), 停止(정지)

한자	쓰기	획순	단어
知 (알, 알릴 지)	知	ノ ㄥ 仁 乊 矢 知 知 知	知能(지능), 知識(지식), 告知(고지)
地 (땅, 지위 지)	地	一 十 土 圤 圠 地	地面(지면), 地位(지위), 土地(토지)
指 (가리킬 지)	指	一 十 扌 扌 扩 拧 拧 指 指	指名(지명), 指示(지시), 食指(식지)
志 (뜻 지)	志	一 十 士 产 志 志 志	志望(지망), 志向(지향), 雄志(웅지)
至 (이를 지)	至	一 丆 互 至 至 至	至極(지극), 至大(지대), 至誠(지성)
紙 (종이 지)	紙	ノ ㄠ ㄠ 幺 幺 糸 糸 糹 紅 紙 紙	紙面(지면), 用紙(용지), 表紙(표지)
持 (가질 지)	持	一 十 扌 扌 扌 扩 拌 拌 持 持	持論(지론), 持續(지속), 所持(소지)
誌 (기록할 지)	誌	ヽ 宀 宀 言 言 言 言 計 誌 誌 誌	誌面(지면), 雜誌(잡지)

智 슬기 지	智							ノ ト と 矢 矢 知 知 智 智 智	智能(지능), 智慧(지혜)
直 곧을 직	直							一 十 十 亡 方 有 有 directly	直角(직각), 直線(직선), 直接(직접)
職 직분,벼슬 직	職							一 丁 耳 耳 耵 聘 瞈 瞳 職 職	職分(직분), 官職(관직)
織 짤 직	織							ノ ノ 幺 糸 紵 紵 緕 織 織 織	組織(조직), 織女(직녀)
眞 참 진	眞							一 匕 匕 自 自 自 眞 眞 眞 眞	眞理(진리), 眞實(진실), 純眞(순진)
進 나아갈 진	進							彳 彳 彳 什 隹 隹 准 准 進 進	進步(진보), 進行(진행), 前進(전진)
盡 다할 진	盡							コ ヨ ヨ 킈 聿 肀 聿 盡 盡 盡	盡力(진력), 極盡(극진), 曲盡(곡진)
陣 진칠 진	陣							フ ヲ ド 阝 阝 阡 阿 阵 陣 陣	陣營(진영), 陣頭(진두)

珍	珍					
보배 진	一 丁 F 王 王 玗 珍 珍 珍				珍味(진미), 珍貴(진귀)	

質	質					
바탕 질	ノ ノ 厂 斤 所 所 竹 啠 質 質				質量(질량), 物質(물질), 性質(성질)	

集	集					
모을 집	ノ イ 忄 什 乍 隹 隹 隼 集 集				集成(집성), 集合(집합), 詩集(시집)	

次	次					
다음, 순서 차	一 冫 冫 冫 次 次				次男(차남), 席次(석차), 年次(연차)	

差	差					
어긋날 차	` ´ ´´ 乂 乂 差 差 差 差				差別(차별), 差額(차액)	

着	着					
붙일 착	` ´ ´´ 乂 乂 差 差 差 着 着				着陸(착륙), 着服(착복), 先着(선착)	

讚	讚					讚
기릴 찬	言 言 言 言 詳 讚 譜 讚 讚				讚美(찬미), 禮讚(예찬)	

察	察					
살필 찰	` 宀 宀 宀 宀 宛 宓 察 察				考察(고찰), 觀察(관찰), 省察(성찰)	

參 참여할 참 / 석 삼	參	ㄥ ㄥ ㅅ ㅆ ㅆ ㅆ 쏘 쑈 㐅 参 參	參加(참가), 參考(참고), 參拾(삼십)
唱 부를 창	唱	丨 冂 口 口¹ 口² 吅 吅 吅 唱 唱	唱歌(창가), 先唱(선창), 合唱(합창)
窓 창 창	窓	ㆍ ㅡ 宀 宀 穴 空 空 空 窓 窓	窓口(창구), 窓門(창문), 同窓(동창)
創 비롯할 창	創	㇀ 人 ㅅ 今 今 仐 仺 倉 倉 創	創始(창시), 創傷(창상)
採 캘 채	採	一 十 扌 扌 扩 扩 扩 扞 抨 採	採用(채용), 採取(채취), 採算(채산)
責 꾸짖을 책	責	一 十 主 丯 青 青 青 青 責 責	責望(책망), 問責(문책), 重責(중책)
冊 책 책	冊	丿 刀 刀 刀 冊	冊床(책상), 冊子(책자), 別冊(별책)
處 처할, 곳 처	處　　　　　　　　　　処	ㆍ ㅏ ㅗ 广 庐 虍 虎 處 處 處	處世(처세), 處地(처지), 處身(처신)

千 일천 천	千						ノ 二 千		千古(천고), 千金(천금), 千秋(천추)
天 하늘 천	天						一 二 チ 天		天國(천국), 天子(천자), 天地(천지)
川 내 천	川						ノ 川 川		大川(대천), 山川(산천), 河川(하천)
泉 샘 천	泉						ノ ノ 白 白 白 白 身 身 泉		泉水(천수), 溫泉(온천), 黃泉(황천)
鐵 쇠 철	鐵					鉄	金 金 金 釤 鉊 銉 鐽 鐵 鐵		鐵材(철재), 鐵面皮(철면피)
靑 푸를 청	靑						一 十 キ 主 青 青 青 青		靑松(청송), 靑天(청천), 丹靑(단청)
淸 맑을, 깨끗할 청	淸						丶 冫 氵 氵 汁 淸 淸 淸 淸 淸		淸潔(청결), 淸凉(청량), 淸貧(청빈)
請 청할 청	請						丶 亠 亠 言 言 言 計 詰 請 請		請求(청구), 請願(청원), 申請(신청)

漢字	쓰기	필순	약자	단어
聽 (들을 청)	聽	一丁耳耳耳耳耳耳耳耳聽聽聽	聴	聽取(청취), 聽衆(청중), 視聽(시청)
廳 (관청, 마루 청)	廳	一广广广广庐庐庐庐廳廳	庁	官廳(관청), 大廳(대청)
體 (몸 체)	體	丨口口口骨骨骨骨骨體體體	体	體力(체력), 體面(체면), 物體(물체)
初 (처음 초)	初	丶亠ネネネ初初		初期(초기), 初面(초면), 太初(태초)
草 (풀 초)	草	一十十艹艹芍芍苩苩草		草家(초가), 草木(초목), 草案(초안)
招 (부를 초)	招	一十扌扌扣扣招招		招待(초대), 招請(초청), 自招(자초)
寸 (마디 촌)	寸	一寸寸		寸陰(촌음), 寸鐵殺人(촌철살인)
村 (마을 촌)	村	一十十才木村村		村落(촌락), 村婦(촌부), 農村(농촌)

銃 총 총	銃					拳銃(권총), 銃劍(총검)
總 거느릴,모두 총	總				総	總理(총리), 總力(총력)
	ㄴ 纟 糹 紗 紗 絢 絢 總 總 總					
最 가장 최	最					最高(최고), 最近(최근), 最大(최대)
	丨 冂 冃 旦 旦 早 昌 昌 最 最					
秋 가을 추	秋					秋分(추분), 秋夕(추석), 晚秋(만추)
	ノ 二 千 禾 禾 利 利 秋 秋					
推 밀 추	推					推進(추진), 推理(추리), 類推(유추)
	一 † 扌 扩 扩 扩 扩 推 推 推					
祝 빌 축	祝					祝福(축복), 祝祭(축제), 慶祝(경축)
	一 二 亍 亍 示 示' 秱 秱 祝 祝					
蓄 쌓을 축	蓄					貯蓄(저축), 蓄積(축적)
	艹 艹 芷 荃 荃 莟 蕃 蓄 蓄					
築 쌓을 축	築					築城(축성), 建築(건축)
	ノ ㅅ 竹 竹 竺 笁 筑 筑 築 築					

縮 오그라들 축	縮						
	' ㄠ ㄠ 幺 糸 紵 紵 紵 紵 縮				縮小(축소), 緊縮(긴축)		
春 봄 춘	春						
	一 = 三 声 夫 未 春 春 春				靑春(청춘), 思春期(사춘기)		
出 날, 나갈 출	出						
	l ㅏ 屮 屮 出 出				出生(출생), 出入(출입), 産出(산출)		
充 가득할 충	充						
	一 亠 古 云 屴 充				充當(충당), 充滿(충만), 充血(충혈)		
忠 충성 충	忠						
	' 口 口 口 中 忠 忠 忠				忠臣(충신), 忠心(충심), 忠義(충의)		
蟲 벌레 충	蟲						
	' 口 口 中 虫 虫 蚩 蛊 蟲 蟲				蟲類(충류), 蟲害(충해), 益蟲(익충)		
取 취할 취	取						
	一 T F F E 耳 取 取				取得(취득), 取材(취재), 採取(채취)		
就 이룰 취	就						
	' 亠 古 亨 亨 京 京 尤 就 就				就業(취업), 就職(취직), 成就(성취)		

趣 뜻,재미 취	趣				
	一十土キキキ走走趙趣趣		趣旨(취지), 趣味(취미)		
測 헤아릴 측	測				
	丶丶氵氵㳇㳇洰浿測測		推測(추측), 測量(측량)		
層 층 층	層				層
	一一尸尸尸屄屄層層層		層階(층계), 高層(고층)		
治 다스릴 치	治				
	丶丶氵氵㳇治治治		治水(치수),治安(치안),政治(정치)		
致 이를 치	致				
	一工工至至至至至致致		致死(치사),致誠(치성),極致(극치)		
齒 이 치	齒				齒
	一ト止止步步步齿齒齒		齒科(치과),齒根(치근),齒列(치열)		
置 둘 치	置				
	一罒罒罒罒睪睪罝罝置		設置(설치), 備置(비치)		
則 법칙 칙	則				
	丨冂冂月目貝貝貝則		原則(원칙),社則(사칙),法則(법칙)		

親 친할, 어버이 친	親	丶 亠 立 辛 亲 亲 新 新 親 親 親					親近(친근), 親密(친밀), 兩親(양친)
七 일곱 칠	七	一 七					七夕(칠석), 七面鳥(칠면조)
針 바늘 침	針	丿 𠂉 𠂉 𠂉 𠂉 𠂉 金 金 金 針					短針(단침), 針葉樹(침엽수)
侵 침노할 침	侵	丿 亻 𠂉 𠂉 𠂉 𠂉 侵 侵 侵					侵略(침략), 侵犯(침범)
寢 잠잘 침	寢	宀 宀 宀 宀 宀 宀 宀 寢 寢 寢				寢	寢食(침식), 寢息(침식)
稱 일컬을 칭	稱	禾 禾 𥝋 𥝋 𥝋 稱 稱 稱 稱 稱				称	稱號(칭호), 稱讚(칭찬)
快 쾌할, 빠를 쾌	快	丿 丶 忄 忄 忄 快 快					快樂(쾌락), 快速(쾌속), 輕快(경쾌)
他 다를, 남 타	他	丿 亻 亻 他 他					他人(타인), 他鄕(타향), 自他(자타)

打 칠 타	打	一 十 扌 扌 打	打開(타개), 打字(타자), 強打(강타)
卓 높을 탁	卓	丨 ㅏ 占 古 古 卓 卓	卓上(탁상), 卓越(탁월)
炭 숯, 석탄 탄	炭	丨 屮 屮 屵 屵 屵 炭 炭	歎服(탄복), 歎息(탄식)
歎 탄식할 탄	歎	一 廿 廿 苩 莒 菓 菓 蓂 歎 歎	木炭(목탄), 石炭(석탄)
彈 탄환, 튀길 탄	彈　　　彈	丁 弓 弓' 弓" 弓" 弘 弼 彈 彈	彈丸(탄환), 彈力(탄력)
脫 벗을 탈	脫	丿 刀 月 肌 肵 肜 肸 脫 脫	脫穀(탈곡), 脫出(탈출), 脫皮(탈피)
探 찾을 탐	探	一 十 扌 扩 扩 扨 抨 挧 探 探	探求(탐구), 探訪(탐방), 探問(탐문)
太 클, 처음 태	太	一 ナ 大 太	太古(태고), 太不足(태부족)

態 태도,모양 태	態	ノ ム 自 自 自 能 能 態 態	態度(태도), 姿態(자태)
宅 집 택	宅	ヽ ソ 宀 宁 它 宅	宅地(택지), 家宅(가택), 住宅(주택)
擇 가릴 택	擇　　　　　　　　　　択	扌 扝 扞 押 押 押 擇 擇 擇 擇	擇日(택일), 選擇(선택)
土 흙 토	土	一 十 土	土地(토지), 土着(토착), 本土(본토)
討 칠, 궁구할 토	討	ヽ 宀 亠 䒑 言 言 言 討 討	討伐(토벌), 討議(토의)
痛 아플 통	痛	ヽ 亠 广 疒 疒 疒 痈 痈 痛 痛	痛症(통증), 痛憤(통분)
通 통할, 알릴 통	通	ヽ ア 了 冃 月 甬 甬 涌 通 通	通信(통신), 通知(통지), 通行(통행)
統 거느릴, 합칠 통	統	ㄑ 幺 幺 幺 糸 紆 糽 統 統 統	統一(통일), 統治(통치), 傳統(전통)

退 물러날 퇴	退	ㄱ ㄱ ㅋ 艮 艮 艮 艮 退 退	退治(퇴치), 進退兩難(진퇴양난)
投 던질 투	投	一 十 扌 扌 扩 投 投	投石(투석), 投手(투수), 投身(투신)
鬪 싸울 투	鬪	丨 丨 丨 丨 丨 丨 鬥 鬥 鬪 鬪 鬪	鬪士(투사), 拳鬪(권투)
特 특별할 특	特	ノ 牛 牛 牛 牛 牜 特 特	特技(특기), 特別(특별), 獨特(독특)
破 깨뜨릴 파	破	一 厂 ア 石 石 石 矿 砂 破 破	破産(파산), 難破船(난파선)
波 물결 파	波	丶 冫 氵 氵 汋 汃 波 波	波浪(파랑), 世波(세파), 電波(전파)
派 갈래 파	派	丶 冫 氵 氵 氵 氵 派 派 派	流派(유파), 派遣(파견)
判 판단할 판	判	丶 丷 ⺷ 半 半 判 判	談判(담판), 判事(판사), 判定(판정)

한자	쓰기	필순	단어
板 널, 판목 판	板	一 十 才 木 村 杤 板 板	板子(판자), 板木(판목)
八 여덟 팔	八	ノ 八	八角(팔각), 八等身(팔등신)
敗 패할 패	敗	丨 冂 月 目 貝 貝 則 敗 敗	敗北(패배), 敗因(패인), 勝敗(승패)
便 편할 편 오줌 변	便	ノ 亻 亻 乍 乍 乍 佰 佰 便	便利(편리), 便紙(편지), 便所(변소)
篇 책 편	篇	ノ ゝ ゙ ⺮ ⺮ ⺮ 竺 笁 笁 篙 篇	玉篇(옥편), 短篇(단편), 前篇(전편)
平 고를, 편안할 평	平	一 ㇓ ㇆ 匚 平	平均(평균), 平安(평안), 平地(평지)
評 평론할 평	評	丶 二 三 言 言 言 言 訂 訂 評	評論(평론), 評價(평가)
閉 닫을, 마칠 폐	閉	丨 冂 冂 冋 冋 門 門 門 閉 閉	閉門(폐문), 閉會(폐회), 開閉(개폐)

字	楷書	筆順	用例
布 베풀, 베 포	布	ノ ナ ナ 右 布	
包 쌀 포	包	ノ ㄱ ㄅ 勺 包	包圍(포위), 小包(소포)
胞 태보, 세포 포	胞	ノ 几 月 月 肌 朐 胞 胞	同胞(동포), 細胞(세포)
砲 대포 포	砲	一 ㄱ 石 石 矿 矿 砲 砲	砲擊(포격) 砲聲(포성) 砲彈(포탄)
暴 드러낼 폭	暴	日 旦 旦 昇 異 暴 暴 暴 暴 暴	暴露(폭로), 暴利(폭리), 暴雨(폭우)
爆 폭발할 폭	爆	丶 丷 火 炉 炉 煜 煜 爆 爆	爆發(폭발), 原爆(원폭)
表 나타낼, 겉 표	表	一 十 キ 主 主 表 表 表	表面(표면), 表示(표시), 發表(발표)
票 표 표	票	一 ㄧ 冂 西 两 西 覀 票 票 票	票決(표결), 投票(투표)

標 표, 표적 표	標	一 十 木 木 杵 杵 杵 標 標 標 標	目標(목표), 標的(표적)
品 품격, 가지 품	品	口 口 口 品 品 品 品 品 品	品目(품목), 品名(품명), 品種(품종)	品
風 바람 풍	風	丿 几 几 凡 凤 同 風 風 風	風雨(풍우), 風雲(풍운), 強風(강풍)
豐 풍년 풍	豐	丨 ヨ 丰 丰丰 豐 豐 豐 豐 豐	豐年(풍년), 豐滿(풍만), 豐富(풍부)	豐
疲 피곤할 피	疲	丶 亠 广 广 疒 疒 疒 疒 疲 疲	疲困(피곤), 疲勞(피로)
避 피할 피	避	丿 尸 居 居 辟 辟 辟 辟 避 避	避難(피난), 忌避(기피)
必 반드시 필	必	丶 丷 必 必 必	必須(필수), 必勝(필승), 必要(필요)
筆 쓸, 붓 필	筆	丿 亠 ㅗ 竹 竹 竹 筆 筆 筆 筆	筆者(필자), 筆致(필치), 毛筆(모필)

下 아래 하	下						一 丁 下	下落(하락), 下山(하산), 天下(천하)
夏 여름 하	夏						一 丆 丆 亓 亓 百 百 頁 夏 夏	夏節(하절), 夏至(하지), 盛夏(성하)
河 내, 강 하	河						丶 冫 氵 氿 沪 沪 河 河	河川(하천), 山河(산하), 氷河(빙하)
學 배울 학	學					学	丶 丷 F 臼 臼 衄 與 學 學 學	學問(학문), 學生(학생), 獨學(독학)
閑 한가할 한	閑						丨 冂 冃 冃 冃 門 門 閂 閑 閑	閑散(한산), 農閑期(농한기)
寒 찰 한	寒						宀 宀 宀 宀 宵 寉 寒 寒 寒 寒	寒冷(한랭), 嚴冬雪寒(엄동설한)
恨 원한 한	恨						丶 丶 忄 忄 忄 忄 忸 恨 恨	怨恨(원한), 悔恨(회한), 恨歎(한탄)
限 한정할 한	限						阝 阝 阝 阝 阝 阝 阝 阳 限 限	限界(한계), 無限(무한), 制限(제한)

韓 나라, 성 한	韓						一 十 古 卓 卓' 卓" 草 韓 韓 韓	韓國(한국), 馬韓(마한), 韓服(한복)
漢 한나라 한	漢						氵 氵 汁 汁 汁 泄 泄 漢 漢 漢	漢文(한문), 漢藥(한약), 銀漢(은한)
合 합할 합	合						ノ 人 亼 今 合 合	合格(합격), 合計(합계), 集合(집합)
港 항구 항	港						氵 氵 氵 汁 汁 洪 洪 洪 洪 港	港口(항구), 港都(항도)
抗 대항할 항	抗						一 十 扌 扌' 扩 扩 抗	抗拒(항거), 反抗(반항)
航 건널, 날 항	航						ノ ∫ 凢 凢 舟 舟 舟' 舴 舤 航	航海(항해), 航行(항행)
害 해할 해	害						丶 丷 宀 宀 宀 宝 害 害 害	害蟲(해충), 風水害(풍수해)
海 바다 해	海						丶 丶 氵 氵 汇 汇 海 海 海 海	海流(해류), 海洋(해양), 大海(대해)

解 풀, 풀릴 해	解 〃 夕 角 角 角 角 甮 解 解	解決(해결), 解明(해명), 分解(분해)
核 씨, 중심 핵	核 一 十 才 木 朾 朽 栌 栌 核 核	核果(핵과), 核心(핵심)
行 다닐 행	行 〃 彳 彳 行 行 行	行方(행방), 行進(행진), 行動(행동)
幸 다행 행	幸 一 十 土 キ 圥 垚 卒 幸	幸福(행복), 幸運(행운), 多幸(다행)
向 향할 향	向 〃 丨 冂 向 向 向	向上(향상), 向學熱(향학열)
香 향기 향	香 一 二 千 禾 禾 禾 乔 香 香	香氣(향기), 香草(향초), 香料(향료)
鄕 고향 향	鄕 〃 纟 纟 纟 纩 绅 绐 鄉 鄕	鄕里(향리), 故鄕(고향), 他鄕(타향)
虛 빌 허	虛 〃 卜 广 卢 庐 虍 虛 虛 虛	虛空(허공), 虛無(허무), 虛實(허실)

| 許 허락할 허 | 許 | | | | | | 一 丶 亠 言 言 言 言 許 許 許 | 許可(허가), 特許(특허), 許容(허용) |

| 憲 법,관리 헌 | 憲 | | | | | | 丶 宀 宀 宝 寍 寍 寓 憲 憲 | 憲法(헌법), 官憲(관헌) |

| 險 험할 험 | 險 | | | | | 險 | 丨 了 阝 阝 阶 阶 險 險 險 險 | 危險(위험), 險談(험담) |

| 驗 시험할 험 | 驗 | | | | | 驗 | 丨 冂 冂 冃 馬 馬 駁 駼 駼 驗 | 試驗(시험), 效驗(효험) |

| 革 고칠 혁 | 革 | | | | | | 一 十 卄 廿 廿 芑 苩 苩 革 | 改革(개혁), 革命(혁명) |

| 現 나타날,지금 현 | 現 | | | | | | 一 丅 T 王 玎 玑 珇 珇 玥 現 | 現金(현금), 現代(현대), 現實(현실) |

| 賢 어질 현 | 賢 | | | | | | 丨 丆 庁 庁 臣 臣 臤 臤 賢 賢 | 賢明(현명), 賢人(현인), 先賢(선현) |

| 顯 나타날 현 | 顯 | | | | | 顯 | 日 日 月 昆 㬎 㬎 㬎 顯 顯 顯 | 顯著(현저), 顯達(현달) |

한자	쓰기	획순	단어
血 (피 혈)	血	ノ 丶 个 帘 血 血	血氣(혈기), 血肉(혈육), 心血(심혈)
協 (화합할 협)	協	一 十 十 忄 㐱 㐱 協 協	協力(협력), 協定(협정), 協調(협조)
兄 (형 형)	兄	ノ 丨 冂 口 尸 兄	兄夫(형부), 難兄難弟(난형난제)
刑 (형벌 형)	刑	一 二 干 开 开 刑	刑法(형법), 刑事(형사), 體刑(체형)
形 (형상, 꼴 형)	形	一 二 干 开 开 形 形	形成(형성), 形式(형식), 外形(외형)
惠 (은혜 혜)	惠	一 丆 百 甫 更 申 申 惠 惠 惠	惠存(혜존), 恩惠(은혜), 慈惠(자혜)
戶 (지게, 집 호)	戶	ノ 厂 戶 戶	戶口(호구), 戶別(호별), 門戶(문호)
呼 (부를, 숨내쉴 호)	呼	丨 冂 口 口 吖 吖 吁 呼	呼氣(호기), 呼應(호응), 呼出(호출)

好 좋을 호	好							
	ㄑ ㄠ 女 女 好 好				好感(호감), 好敵手(호적수)			
湖 호수 호	湖							
	氵 氵 汁 汁 汁 沽 沽 油 湖 湖 湖				湖南(호남), 湖水(호수), 江湖(강호)			
號 부르짖을 호	號							
	口 口 号 号 号 號 號 號 號 號				號令(호령), 號外(호외), 別號(별호)			
護 보호할 호	護							
	丶 二 言 言 計 訐 誹 誰 謢 護				保護(보호), 護國(호국)			
或 혹 혹	或							
	一 厂 冂 口 戸 或 或 或				或是(혹시), 或者(혹자), 間或(간혹)			
婚 혼인 혼	婚							
	ㄑ ㄠ 女 女 妒 妒 婚 婚 婚 婚				婚期(혼기), 婚談(혼담), 新婚(신혼)			
混 뒤섞일 혼	混							
	丶 氵 氵 氵 沪 混 混 混 混				混同(혼동), 混食(혼식), 混合(혼합)			
紅 붉을 홍	紅							
	丶 纟 幺 幺 糸 糸 糸 紅 紅				紅顏(홍안), 百日紅(백일홍)			

火	火						
불 화	` ` ` ` 火			火急(화급), 火田民(화전민)			
化	化						
화할 화	ノ イ 亻 化			退化(퇴화), 化學(화학), 文化(문화)			
花	花						
꽃 화	` ` ` ` 艹 艹 艻 花 花			花信(화신), 花草(화초), 百花(백화)			
貨	貨						
재물 화	ノ イ 亻 化 化 佧 貨 貨 貨 貨			貨物(화물), 財貨(재화), 金貨(금화)			
和	和						
화목할 화	ー 二 千 チ 禾 禾 和 和			和樂(화락), 和合(화합), 溫和(온화)			
話	話						
말씀 화	` ` 言 言 言 言 訐 話			童話(동화), 話題(화제), 電話(전화)			
畫	畫					画	
글씨, 그림 화	フ ヨ ヨ 聿 聿 畫 畫 畫 畫			畫家(화가), 畫筆(화필), 畫工(화공)			
華	華						
빛날 화	` ` ` ` 艹 艹 芏 莁 莁 華			華麗(화려), 華婚(화혼), 榮華(영화)			

確	確	一 厂 石 石 矿 矿 矿 碎 碎 確 確	確實(확실), 明確(명확)
확실할 확			
歡	歡	艹 艹 艹 艹 艹 艹 藿 藿 藿 歡 歡	歡待(환대), 歡心(환심), 歡迎(환영)
기쁠 환			歡
患	患	丶 冂 冂 口 吕 串 串 患 患 患	患難(환난), 患者(환자), 後患(후환)
근심, 병 환			
環	環	一 Ŧ 扩 玑 严 玾 環 環 環	指環(지환), 環境(환경)
고리 환			
活	活	丶 冫 氵 汀 汗 汗 活 活 活	活動(활동), 活力(활력), 復活(부활)
살 활			
黃	黃	一 艹 丼 丼 芇 芇 苗 黃 黃	黃金(황금), 黃色(황색), 黃土(황토)
누를 황			黃
況	況	丶 冫 氵 汀 汧 況 況	況且(황차), 狀況(상황)
하물며 황			
回	回	丨 冂 冂 回 回 回	回甲(회갑), 回數(회수), 回信(회신)
돌 회			回

會	會						会
모일, 모을 회	人 人 么 슈 命 侖 侖 會 會 會				會談(회담), 會合(회합), 開會(개회)		

灰	灰						
재, 석회 회	一 ナ ナ 厂 灰 灰				灰色(회색), 洋灰(양회)		

孝	孝						
효도 효	一 十 土 耂 耂 孝 孝				孝道(효도), 孝子(효자), 忠孝(충효)		

效	效						効
본받을 효	亠 ナ 六 亣 交 効 効 効 效				效果(효과), 效力(효력), 特效(특효)		

後	後						
뒤 후	丿 彳 彳 彳 彳 彳 徉 後				後園(후원), 後進(후진), 前後(전후)		

厚	厚						
두터울 후	一 厂 厂 厂 戸 戸 昼 厚 厚				厚待(후대), 厚德(후덕), 重厚(중후)		

候	候						
기후 후	丿 亻 亻 亻 伊 伊 伊 候 候				天候(천후), 斥候(척후)		

訓	訓						
가르칠 훈	丶 亠 亠 三 言 言 言 訂 訓 訓				訓育(훈육), 訓練(훈련), 敎訓(교훈)		

揮 휘두를 휘	揮						一十扌扌扩护挦揎揮揮		指揮(지휘), 揮發(휘발)
休 쉴 휴	休						ノイ仁什休休		休戰(휴전), 休日(휴일), 休養(휴양)
凶 흉할, 흉년들 흉	凶						ノメ凶凶		凶家(흉가), 凶計(흉계), 凶年(흉년)
黑 검을 흑	黑						丨ロ回回四甲里黒黑		黑白(흑백), 黑人(흑인), 暗黑(암흑)
吸 숨들이쉴 흡	吸						丨ロ口叨吸吸		呼吸(호흡), 吸收(흡수)
興 일, 일으킬 흥	興						ノイ竹钔钔闸闸铜興興		興亡(흥망), 興味(흥미), 中興(중흥)
希 바랄 희	希						ノメ产产希希		希求(희구), 希望(희망), 希願(희원)
喜 기쁠 희	喜						一十吉吉吉吉壴喜喜喜		喜劇(희극), 喜悲(희비), 歡喜(환희)